Inhalt
Contents
Sommaire
Sommario

D1794910

Fotos · Photos · Photos · Foto:

Seite 4 © Rainer Mirau, © Hasslinger / Kurdirektion Baden I Seite 5 © Christian Trapp / fotolia, © Gina Sanders / fotolia I Seite 6 © rorue / fotolia, © pure.passion.photo / fotolia I Seite 7 © Rainer Mirau, © Waldteufel / fotolia I Seite 8 © Naturpark Hohe Wand, © Naturpark Hohe Wand I Seite 9 © LOISIUM, © LOISIUM / Robert Herbst I Seite 10 © ÖW / Trumler I Seite 11 © Tourismusbüro Puchberg, © Tourismusbüro Puchberg I Seite 12 © Haupt / panthermedia, © Mostviertel Tourismus I Seite 13 © hajes / fotolia I Seite 14 © Waldviertel Tourismus / Reinhard Mandl I Seite 15 © Weinviertel Tourismus GmbH / Michael Himml I Seite 16 © Ch-Uebl I Seite 17 © Weinviertel Toursimus GmbH / R. Weiss I Seite 18 © Weinviertel Toursimus GmbH / R. Weiss I Seite 19 © Niederösterreich Werbung weinfranz.at I Seite 20 © Wikipedia cc-by-sa 3.0 / Christian Philipp I Seite 21 © Hauleitner I Seite 22 © Niederösterreich Werbung / K.M. Westermann I Seite 23 © Niederösterreich Werbung / weinfranz.at I Seite 24 © www.triestingtal.at I Seite 25 © Alisha / Pixelio I Seite 26 © ÖW / Grünert I Seite 27 © Bucklige Welt I Seite 28 © Niederösterreich Werbung / Rita Newman I Seite 29 © Niederösterreich Werbung / Robert Herbst

* Die Reihenfolge der ausgewählten Top 10 Tips und Top Citypläne erfolgt alphabetisch.
  The order of the selected Top 10 Tips and Top City maps is alphabetical.
  La suite des Top 10 Tips et Top plans de ville et choisis est alphabetique.
  La successione dei Top 10 Tips e Top Centro delle città selezionati è alfabetico.

Baden

Baden galt schon im 19. Jh. als einer der bedeutendsten Kurorte des Biedermeier in der Monarchie. Erholung und Entspannung verspricht ein Aufenthalt in der Römertherme oder in den großzügigen Parkanlagen der Stadt. Im ehemaligen Kurhaus ist heute das Congress Casino Baden beheimatet. Weitere Attraktionen sind das denkmalgeschützte Thermalstrandbad mit Österreichs größtem künstlichen Sandstrand, die Ruinen Rauheneck und Rauhenstein am Eingang zum Helenental sowie der 1892 gegründete Trabrennverein und die alljährliche Rosenschau im Doblhoffpark.

Baden

As early as the 19th century Baden was considered as one of the most important health resorts of the Biedermeier Period. If you are looking for wellness and relaxation you should visit the

"Römertherme" (Romans' Spa) or one of the numerous parks of the city. The former hydropathic center today houses the Congress Casino Baden. Further attractions are the thermal outdoor swimming pool with Austria's largest artificial sandy beach, which is classified as a historical monument, the ruins of the fortresses Rauheneck and Rauhenstein at the entrance into the Helenental (Helenental valley) as well as the trotting course (established in 1892) and the annual rose-exhibition in the Doblhoffpark.

Baden

Déjà au 19e siècle, à l'époque du Biedermeier, Baden passait pour une des plus importantes stations thermales dans la monarchie. Repos et relaxation sont assurés lors d'un séjour dans les thermes romains ou dans les généreux parcs de la ville. Dans l'ancien établissement thermal se trouve aujourd'hui le Congress Casino Baden. D'autres attractions sont le bassin thermal classé monument historique avec la plus grande plage de sable artificielle d'Autriche, les ruines de Rauheneck et Rauhenstein a l'entrée de la vallée Helenental ainsi que l'association de course de trot fondée en 1892 et le spectacle annuel de roses dans le parc Doblhoff.

Baden

Già nel diciannovesimo secolo Baden era considerata uno dei centri di cura più importanti del Biedermeier nella monarchia. Un soggiorno nelle Terme Romane o negli spaziosi parchi della città garantisce riposo e rilassamento.

Nella casa di cura di un tempo ora risiede il Congress Casinò Baden. Altre attrazioni sono il "Thermalstrandbad" (Lido Termale) posto sotto tutela con la più grande spiaggia di sabbia artificiale in Austria, le rovine di Rauheneck e Rauhenstein all'entrata dell'Helenental (la "Valle di Elena") nonché l'Ippodromo fondato nel 1892 e l'annuale Mostra di Rose nel Parco di Doblhoff.

Archäologischer Park

In den heutigen Gemeinden Petronell-Carnuntum und Bad Deutsch Altenburg erstreckte sich einst die antike Stadt Carnuntum. Die Hauptstadt der Provinz Pannonia erlebte im 3. Jh. n.Chr. ihre Blüte und zählte damals zu den wichtigsten Siedlungen Mitteleuropas. Heute ist hier Österreichs bedeutendste Ausgrabungsstätte zu finden. Während im Freilicht-museum in Petronell-Carnuntum unter anderem Thermalanlagen, ein Amphitheater, Wohnhäuser und das berühmte „Heidentor" zu sehen sind, wartet das archäologische Museum in Bad Deutsch Altenburg mit Schmuck, Münzen, Werkzeugen und anderen Fundstücken auf.

Archeological park

Once, the ancient settlement of Carnuntum extended in today's municipalities Petronell-Carnuntum and Bad Deutsch-Altenburg. It was the capital of the province Pannonia and reached its peak in the 3rd century when it was one of the most important settlements of Central Europe. Today it is Austria's most important excavation site. The open-air museum in Petronell-Carnuntum shows thermal buildings, an amphitheatre, residential buildings and the well-known "Heidentor" (Heathen Gate). Jewellery, coins, tools and other finds can be seen in the Archeological Museum in Bad Deutsch-Altenburg.

Parc archéologique

Dans les municipalités actuelles de Petronell-Carnuntum et Bad Deutsch Altenburg s'étendait autrefois l'antique ville de Carnuntum. La capitale de la province de Pannonia a connu son apogée au 3e siècle après Jésus-Christ, et était considérée à l'époque comme une des plus importantes colonies de l'Europe centrale. Aujourd'hui on peut trouver ici le site archéologique le plus important d'Autriche. Alors que dans le musée en plein air à Petronell-Carnuntum on peut profiter d'installations thermales, un amphithéâtre, constructions résidentielles et de la fameuse « Heidentor », le musée archéologique dans le château Bad Deutsch Altenburg nous offre bijoux, monnaies, outils et d'autres objets trouvés.

Parco archeologico

Dove oggi si trovano i comuni di Petronell-Carnuntum e Bad Deutsch Altenburg, una volta si estendeva l'antica città di Carnuntum. La capitale della provincia di Pannonia conobbe nel terzo secolo D.C. la propria fioritura e fu uno dei più importanti insediamenti dell'Europa Centrale. Oggi in questa zona si trova uno dei più importanti siti archeologici in Austria. Nel museo all'aperto di Petronell-Carnuntum si possono vedere tra l'altro impianti termali, un anfiteatro, appartamenti ed il famoso

"Heidentor" (Porta dei Pagani) mentre nel Museo di Bad Deutsch Altenburg si possono ammirare gioielli, monete, attrezzi ed altri reperti archeologici.

Dürnstein

Während die Wachau als eine der bekanntesten Regionen Österreichs gilt, wird Dürnstein häufig als ihr bedeutendster Ort oder gar als „Perle der Wachau" bezeichnet. Enge Gassen, Tavernen und Winzerhäuser aus dem 16. und 17. Jh. prägen die hübsche Altstadt. Auf einem felsigen Abhang über der Stadt erhebt sich die Ruine Dürnstein. Gemeinsam mit dem hellblauen Turm der Kirche Mariä Himmelfahrt bietet sie von der gegenüberliegenden Donauseite einen besonders schönen Anblick und gilt als eines der am häufigsten fotografierten Motive Österreichs.

Dürnstein

The Wachau region is one of the best-known Austrian regions and Dürnstein is considered as its most important town. Many people even call it the "Pearl" of the Wachau region. Narrow streets, taverns and wine growers' houses that date back to the 16th and 17th century shape its beautiful old town. On a rocky hill above the town center the ruins of the fortress of Dürnstein rises. Together with the light-blue tower of the church "Mariä Himmelfahrt" it offers a picture-postcard view from the other shore of the Danube River, and is considered one of Austria's most photographed views.

Dürnstein

Alors que Wachau passe pour une des régions les plus connues d'Autriche, Dürnstein est fréquemment décrit comme son lieu le plus important ou même comme « Perle de la Wachau ». Rues étroites, tavernes et maisons de viticulteurs des 16e et 17e siècles caractérisent la belle ancienne ville. Sur une pente rocheuse au-dessus de la ville s'élèvent les ruines de Dürnstein, qui avec la tour bleu clair de l'église Mariä Himmelfahrt offre une très belle vue aux visiteurs regardant de l'autre côté du Danube, et qui est considéré comme un des sujets photographiques plus fréquents d'Autriche.

Dürnstein

Mentre la Wachau è una delle regioni più conosciute dell'Austria, Dürnstein è considerata il posto più importante di questa zona, denominata spesso «La Perla della Wachau». Strade strette, taverne e piccole case vinicole del 16^{esimo} e 17^{esimo} secolo caratterizzano il suo bel centro storico. Su un pendio roccioso sopra la città si eleva la rovina di Dürnstein che insieme alla torre azzurra della chiesa Maria Himmelfahrt offre dall'altra parte del Danubio una vista particolarmente suggestiva ed è uno dei paesaggi austriaci più fotografati.

Helenental

Zwischen Baden und Mayerling verläuft das idyllische Helenental, das bereits zur Zeit der Monarchie zu den beliebtesten Ausflugszielen der Wiener zählte. Für Naturfreunde und Wanderer ist das Tal ebenso attraktiv wie für Kulturinteressierte. Letztere finden hier zahlreiche interessante

Sehenswürdigkeiten, von denen das legendäre Jagdschloss Mayerling besondere Erwähnung verdient. Hier ereignete sich jene Tragödie, um die sich heute noch unzählige Gerüchte ranken: der gemeinsame Tod von Kronprinz Rudolf und Gräfin Mary Vetsera.

Helenental

The idyllic "Helenental" (Helenental valley) runs from Baden up to Mayerling. As early as in the 19th century it ranked among the most popular places for excursions. The valley attracts naturelovers and hikers as well as culturally interested people, who find numerous interesting sights in the "Helenental". One of the most famous is the hunting lodge of Mayerling, where the legendary tragedy of the death of Prince Rudolf and Countess Mary Vetsera took place.

Helenental

Entre Baden et Mayerling s'étend l'idyllique vallée Helenental, qui comptait déjà dans la monarchie parmi les destinations plus populaires des viennois pour une excursion. La vallée est tellement attractive pour les amoureux de la nature et les promeneurs, que pour ceux intéressés par la culture. Ces derniers trouvent ici de nombreux sites intéressants, parmi lesquels, le légendaire château de chasse de Mayerling mérite une mention spéciale. Une tragédie a y eu lieu, à propos de laquelle courent encore aujourd'hui d'innombrables rumeurs: le meurtre commun du prince héritier Rudolf et de la comtesse Mary Vetsera.

Helenental

Tra Baden e Mayerling si trova l'idilliaco Helenental (Valle di Elena) che già dai tempi della Monarchia era considerata una delle mete di villeggiatura privilegiate. La valle è molto attraente sia per gli amici della natura che per gli amanti delle lunghe passeggiate e per chi è interessato alla cultura i quali trovano qui numerose interessanti attrazioni, tra cui merita una citazione particolare il leggendario castello di Mayerling (Jagdschloss) utilizzato per le battute di caccia. Proprio tra le mura del castello ebbe luogo la tragedia della morte del Principe Rudolf insieme alla contessa Mary Vetsera sulla quale ancora oggi circolano strani voci.

Hohe Wand

Der Naturpark Hohe Wand umfasst einen großen Teil der gleichnamigen Felswand und ihrer Umgebung. Mehrere Höhlen, zahlreiche Spazier- und Wanderwege sowie herrliche Aussichtspunkte sind hier zu finden. Für Kinder gibt's einen Spiel- und Spaßberg und einen Streichelzoo, für besonders Wagemutige viele Klettersteige sowie eine Flugschule und die Möglichkeit zum Drachenfliegen oder Paragleiten. Über der Sonnenuhrwand befindet sich die Aussichtsplattform „Skywalk", deren Name für sich spricht. Ebenfalls lohnenswert ist ein Besuch der Einhornhöhle, die interessante Mineralien in sich birgt.

Hohe Wand

The nature park "Hohe Wand" includes the main part of the rock face of the same name and the surrounding area. Several caves, numerous walking and hiking paths as well as wonderful viewpoints are some of the park's attractions. Children love the play- and fun-hill and the zoo. Daring people can do climbing trips or visit the flying school, where hang-gliding and paragliding-trips are offered. Above the "Sonnenuhrwand" the adventurous vista point called "Skywalk" is located. Worth a visit is the "Einhornhöhle" (Unicorn Cave), which houses interesting minerals.

Hohe Wand

Le parc naturel Hohe Wand comprend une grande partie de la paroi rocheuse du même nom et ses environs. On peut y trouver plusieurs cavernes, de nombreuses routes pour se promener et faire des excursions aussi bien que de magnifiques points de vue. Pour les petits, il y a une montagne de jeux et divertissements et un zoo où on peut caresser les animaux, pour les audacieux, on trouve aussi de nombreuses parois d'escalade, aussi bien qu'une école de vol et l'opportunité de faire du vol sur une aile delta ou en parapente. Au-dessus de la paroi du cadran solaire se trouve le mirador «Skywalk» dont le nom dit tout. Cela vaut la peine de rendre une visite à la caverne Einhornhöhle, qui abrite d'intéressants minéraux.

Hohe Wand

Il parco naturale Hohe Wand comprende una gran parte della parete rocciosa da cui prende il nome (Hohe Wand = muro alto) ed i suoi dintorni. Qui si trovano molte grotte, numerosi sentieri ed inoltre molti punti da cui si può godere di fantastici panorami. Per i bambini c'è un parco giochi per divertirsi ed un piccolo zoo con animali da accarezzare. I più coraggiosi possono arrampicarsi sulle numerose pareti rocciose appositamente predisposte ed inoltre esiste la possibilità di frequentare una scuola di volo e di fare un giro col deltaplano e col parapendio. Sopra la meridiana sul muro si trova la piattaforma panoramica "Skywalk",il cui nome parla da sé. Vale anche la pena di visitare la "Einhornhöhle" (grotta dell'unicorno) in cui si trovano interessanti formazioni geologiche.

Langenlois

Ausgezeichnete Weine, urige Heurige, der Kamptaler Weinfrühling, die Weinherbst-wochen und zahlreiche Kellergassenfeste bescherten Langenlois den Ruf einer Weinstadt. Inmitten von Weingärten liegt die Weinerlebniswelt „Loisium", in der Besucher dank modernster Präsentationstechniken Interessantes über Weinproduktion und Lagerung erfahren, edle Tropfen verkosten und diese auch erwerben können. Sommerlicher Höhepunkt in Langenlois sind die Schlossfestspiele im romantischen Ambiente des Schlosses Haindorf.

Langenlois

Due to the excellent wines and local taverns, the "Weinfrühling" (wine spring) of the Kamptal region and the "Weinherbstwochen" (wine weeks in autumn) as well as numerous wine street festivals, Langenlois enjoys the reputation of a wine-city. In the midst of a magnificent vineyard area the wine-world "Loisium" is located. Due to up-to-date presentation techniques visitors experience the history of wine, its production and storing in a very special way. Some fine wines can be tasted and purchased. The "Schlossfestspiele" (Castle Festival) at the romantic Castle of Haindorf is the summer highlight of Langenlois.

Langenlois

Les vins excellents, les tavernes typiques, la dégustation du vin nouveau en printemps, les semaines automnales du vin et de nombreuses fêtes dans les rues des celliers donnent à Langenlois la réputation d'une ville vinicole. Au beau milieu des vignobles se trouve « Loisium », un monde d'expériences vinicoles, dans lequel, grâce aux techniques les plus modernes de présentation, les visiteurs peuvent apprendre des choses intéressantes sur la production de vin et son emmagasinage, goûter un bon vin et l'acheter aussi. Le point culminant de l'été à Langenlois est lors des festivals du château dans la romantique atmosphère du château Haindorf.

Langenlois

Vini straordinari, locali tipici, la "Kamptaler Weinfrühling", le "Weinherbstwochen", (feste del vino) e numerose fiere in cui è possibile degustare il vino locale hanno portato a Langenlois il nome di città del vino. In mezzo ai giardini del vino si trova il "Loisium", in cui il visitatore, grazie a moderne tecniche di presentazione può venire a conoscenza dei processi di produzione e dell'invecchiamento del vino, può inoltre degustare del vino prelibato ed acquistarlo. Il momento culminate dell'estate di Langenlois è il Festival di Haindorf in un ambiente romantico.

Melk

Am Eingang zur Wachau, über der gleichnamigen kleinen Stadt, thront der Monumentalbau des Benediktinerstiftes Melk. Als eines der prächtigsten Klöster Europas beherbergt es eine Vielzahl an Kunstschätzen, für deren Besichtigung man sich einer Führung durch Kirche und Stift anschließen und ausreichend Zeit einplanen sollte. Prälatenhof und Kaisertrakt, Marmorsaal und Bibliothek sowie die barocke Gartenanlage sind einige der Programmpunkte. Vor dem Gartenpavillon werden in den Sommermonaten die sehenswerten Melker Sommerspiele vorgetragen. Melk selbst besitzt zudem eine schöne Altstadt.

Melk

The small city of Melk is located at the entrance into the Wachau region. Above the city the monumental structure of the Benedictine abbey of Melk is enthroned. It is one of the most splendid monasteries of Europe and houses many art treasures. In the course of a guided tour you visit the church and the monastery. The prelates' yard and the emperor's wing, the marble hall and the library as well as the baroque gardens are some of the attractions. In summer the "Melker Sommerspiele" (Melk's summer plays) take place in front of the garden pavilion. Additionally, Melk itself shows a beautiful old town.

Melk

A l'entrée de la vallée Wachau, sur la petite ville du même nom trône la construction monumentale du couvent des Bénédictins. En tant qu'un des cloîtres les plus splendides d'Europe, il héberge une multitude de trésors d'art. Quelques-uns des points du programme sont le préau de prélats et l'Aile de l'Empereur, la salle de marbre et la bibliothèque ainsi que le jardin baroque. Devant le pavillon du jardin, les jeux d'été de Melk, qui méritent d'être vus, sont exposés au cours des mois d'été. Le même Melk possède également une vieille ville charmante.

Melk

All'entrata della Wachau, sopra la piccola città che porta lo stesso nome si erige la monumentale costruzione del monastero dei Benedettini di Melk. Si tratta di uno dei più gloriosi monasteri d'Europa, all'interno del quale è possibile ammirare i numerosi gioielli d'arte presenti. Per ammirarli ci si può rivolgere ad una guida che vi condurrà attraverso la chiesa e l'abbazia. È consigliabile dedicare abbastanza tempo per questa visita. Alcuni punti del programma della visita sono il chiostro dei prelati, le stanze degli imperatori, la sala di marmo, la biblioteca ed il giardino barocco. Nel padiglione del giardino nei mesi estivi viene organizzato il Festival di Melk da non perdere. Melk stessa possiede anche un bel centro storico.

Puchberg am Schneeberg

Mit 2.076 Metern Höhe ist der Schneeberg Niederösterreichs höchster Berg und als solcher ein überaus beliebtes Ausflugsziel. Sommer wie Winter kommen Wanderer und Skifahrer nach Puchberg am Schneeberg, von wo aus die Zahnradbahn seit mehr als hundert Jahren auf das Schneebergplateau und bis zu einer Höhe von etwa 1.800 Metern führt. Unweit von Puchberg stürzt der beeindruckende Sebastianwasserfall über zwei Stufen zu Tale, dessen 30 Meter hoher Hauptfall vom Wasserfallwirt in gut zehn Minuten erreicht wird.

Puchberg am Schneeberg

The Schneeberg is 2,076 meters in height and therefore Lower Austria's highest mountain and a very popular destination. Hikers and skiers come to Puchberg am Schneeberg in summer as well as in winter. Since more than a hundred years a rack railway has been leading up to a height of about 1,800 meters on the Schneeberg plateau. Not far from Puchberg the impressing Sebastian waterfall falls down in two steps. Its main fall is 30 meters high and can be reached from the "Wasserfallwirt" (Waterfall Restaurant) in about ten minutes.

Puchberg am Schneeberg

Le Schneeberg, avec ses 2.076 mètres de hauteur, est la montagne la plus haute de la Basse-Autriche et donc, un objectif d'excursion extrêmement apprécié. Des randonneurs et des skieurs viennent en été comme en hiver à Puchberg am Schneeberg, d'où, depuis plus de cent ans, le chemin de fer à crémaillère mène sur le plateau du Schneeberg et jusqu'à une hauteur d'environ 1.800 mètres. Non loin de Puchberg, l'impressionnante cascade de Sebastian se précipite en deux étapes à la vallée, dont la chute principale de 30 mètres s'atteint depuis l'auberge de « Wasserfallwirt » en bien dix minutes.

Puchberg am Schneeberg

Con un'altezza di 2076 metri di altezza il Schneeberg è la montagna più alta nella regione di Niederosterreich, e per questo una delle località molto preferite per le gite. In estate come in inverno vengono escursionisti e sciatori a Puchberg am Schneeberg, da dove la ferrovia a cremagliera li porta, da più di cento anni, allo altopiano fino ad un'altezza di 1800 metri. Non lontano da Puchberg si trova l'impressionante Cascata Sebastiano che si versa in due gradini verso la valle; la cascata principale di 30 metri di altezza si raggiunge dall'osteria "Wasserfallwirt" in ben dieci minuti.

Sankt Pölten

Niederösterreichs Landeshauptstadt liegt im Herzen des Bundeslandes und ist als Einkaufs- und Industriestadt bekannt. An die sehenswerte barocke Altstadt schließt das moderne Landhausviertel an, das ab 1992 entstand und mittlerweile als neues Wahrzeichen St. Pöltens gilt. Hier befinden sich unter anderem das Landesmuseum, das Festspielhaus, das Landesarchiv und der alles überragende Klangturm. Der St. Pöltener Dom, das Niederösterreichische Landestheater, die historischen Gebäude am Rathaus- und am Herrenplatz sowie in der Wiener Straße zählen zu den weiteren Sehenswürdigkeiten St. Pöltens.

Sankt Pölten

St. Pölten, Lower Austria's capital, is located in the very heart of Lower Austria and is a wellknown shopping and industrial city. Close-by to the worth seeing baroque old town the modern "Landhausviertel" (Government Quarter) was built from 1992. Meanwhile it is considered as the new landmark of St. Pölten. There, the Museum of Lower Austria, the Festival Theatre, the Archives of Lower Austria and the overtopping "Klangturm" (Sound Tower) are located. The Cathedral of St. Pölten, the Theatre of Lower Austria, the historical buildings right around the "Rathausplatz" and the "Herrenplatz" as well as in "Wiener Straße" are some of St. Pölten's most important sights.

Sankt Pölten

La capitale de la Basse-Autriche est située dans le coeur de la province et est connue comme ville commerciale et industrielle. Contigu à la vieille ville baroque, qui mérite d'être vue, se trouve le quartier moderne de maisons de campagne, apparu à partir de 1992, et qui entre-temps a été considéré comme le nouveau symbole de St. Pölten. Ici se trouvent, entre autres, le musée national, le théâtre du festival, les archives nationales et la remarquable tour « Klangturm ». La cathédrale de St. Pölten, le théâtre national du Basse-Autriche, les bâtiments historiques à la « Rathausplatz » (place de l'hôtel de ville) et la « Herrenplatz » ainsi que la «Wiener Strasse », comptent parmi les autres attractions touristiques de St. Pölten.

Sankt Pölten

Il capoluogo di provincia del Niederösterreich giace nel cuore dello stato federale ed è noto come città industriale e commerciale. Accanto al centro storico barocco da non perdersi si trova il quartiere Landhaus, costruito nel 1992, che ora è diventato un nuovo segno di riconoscimento della città di St. Pölten. Qui si trovano tra l'altro il Museo Regionale, il Festspielhaus, l'Archivio Regionale e la "Klangturm" (Torre del suono) che si erige al di sopra di tutto. Il Duomo di St. Pölten, il Teatro Regionale del Niederösterreich, gli edifici storici sulla "Rathausplatz" (Piazza del Municipio) e della "Herrenplatz" come anche la "Wiener Straße" fanno parte delle attrazioni di St. Pölten.

Semmering

Auf der gleichnamigen Passhöhe liegt der Kurort Semmering, der mit seinen schönen Hotelpalästen noch heute imperiales Flair ausstrahlt. Seine Entwicklung zum Tourismusort wurde vom Bau der Semmeringbahn Mitte des 19. Jh. maßgeblich beeinflusst. Diese erste Gebirgsbahn der Welt gilt mittlerweile als UNESCO-Weltkulturerbe und lockt zahlreiche Gäste an. Mindestens genauso beliebt ist die Semmering-Rax-Region aber auch als Skigebiet, und das nicht zuletzt aufgrund des Wintersportareals am Hirschenkogel.

Semmering

The health resort Semmering is located on top of the Semmering Pass. Due to its beautiful hotels it today still possesses some kind of imperial flair. In the middle of the 19th century the building of the famous "Semmeringbahn" strongly influenced Semmering's development as a tourist area. It represents the first mountain railway of the world and was declared a UNESCO-World-Heritage, which today attracts numerous tourists. Furthermore, the Semmering-Rax region is a very popular skiing resort. Skiers and snowboarders especially enjoy the winter sports area Hirschenkogel.

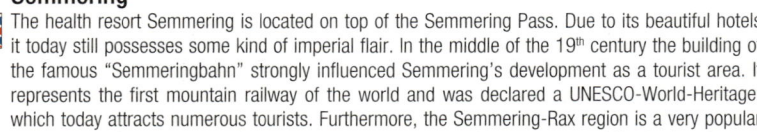

Semmering

Sur le haut passage du même nom se trouve la station thermale de Semmering, qui avec ses grands et beaux hôtels particuliers dégage encore aujourd'hui une touche impériale. Son développement dans le tourisme a été influencé de façon déterminante par la construction du chemin de fer de Semmering au milieu du 19e siècle. Ce train de montagne, le premier du monde, a été considéré entre-temps comme patrimoine culturel mondial par l'UNESCO et attire de nombreux visiteurs. La région Semmering-Rax est au moins aussi populaire, mais elle est également connue comme domaine skiable, et ceci finalement pas grâce à ses terrains de sports d'hiver à l'Hirschenkogel.

Semmering

Sul passo con lo stesso nome, si trova il centro di cura Semmering, che possiede ancora oggi con i suoi alberghi monumentali una nota imperiale. Il suo sviluppo come località turistica fu grandemente influenzato dalla costruzione della Semmeringbahn (una ferrovia) nel 19esimo secolo. Questa prima ferrovia di montagna del mondo è stata considerta patrimonio mondiale dall'UNESCO e attira molti visitatori. Non meno amata è la regione Semmering-Rax come località sciistica, e non solo per la presenza della zona sportiva invernale di Hirschenkogel.

Waldviertel-Radweg

Der an Sehenswürdigkeiten reiche Waldviertel-Radweg beginnt in Krems an der Donau und durchzieht das gesamte Waldviertel in einer großen Schleife. Dabei verläuft er über Horn, Raabs, Karlstein, Litschau, Heidenreichstein, Gmünd, Weitra, Rappottenstein und Maria Taferl, bevor er in Klein Pöchlarn endet. Zahlreiche Sehenswürdigkeiten säumen den Weg wie die Rosenburg, Schloss Wildberg, Schloss Weitra, Burg Rappottenstein oder die Wallfahrtskirche Maria Taferl. Für die gesamte Tour von 280 km muss man mit 3 bis 4 Tagen rechnen. Sie ist gut beschildert, verläuft durchgehend auf Asphaltstraßen, ist aber nur streckenweise mit Kindern gut befahrbar. Information: www.waldviertel.at

Waldviertel cycle route

This scenic route will take you around the traditional Waldviertel region. It starts in Krems and circles back to Klein Pöchlarn, crossing Horn, Raabs, Karlstein, Litschau, Heidenreichstein, Gmünd, Weitra, Rappottenstein and Maria Taferl. You will find many sights along the road, e.g. the castles Rosenburg, Schloss Wildberg, Schloss Weitra, Burg Rappottenstein and the Pilgrimage Church of Maria Taferl. Waldviertel Cycle Route covers 280 km long of paved road and is well signposted. It will take 3-4 days in total. Not all of its subsections are suitable for children riding solo. See also: www.waldviertel.at/e/default/asp

Véloroute du Waldviertel

La véloroute du Waldviertel, riche en monuments, part de Krems an der Donau et sillonne toute la région du Waldviertel en une grande boucle, en passant par Horn, Raabs, Karlstein, Litschau, Heidenreichstein, Gmünd, Weitra, Rappottenstein et Maria Taferl, avant de se terminer à Klein Pöchlarn. La véloroute est bordée de nombreuses curiosités, dont les châteaux de Rosenburg, Wildberg et Weitra, la forteresse Rappottenstein ou l'église de pèlerinage de Maria Taferl. Pour faire l'intégralité de l'itinéraire de 280 km, il faut compter 3 à 4 jours. Le parcours est bien jalonné et entièrement goudronné. Par contre, il est seulement bien praticable avec des enfants par étapes. Information: www.waldviertel.at

Pista ciclabile del Waldviertel

La pista ciclabile del Waldviertel, ricca di cose interessanti da vedere, inizia a Krems e attraversa l'intera regione del Waldviertel, formando una grande ansa e passando per Horn, Raabs, Karlstein, Litschau, Heidenreichstein, Gmünd, Weitra, Rappottenstein e Maria Taferl per terminare a Klein Pöchlarn. Numerosi i luoghi di interesse che che si incontrano lungo il percorso, come i castelli di Rosenburg, Wildberg, Weitra e Rappottenstein e il santuario di Maria Taferl. Per percorrere l'intero tragitto di 280 km. è bene calcolare circa 3-4 giorni. La segnaletica è buona e le strade sono interamente asfaltate, ma solo alcuni tratti sono indicati anche per i bambini. Per informazioni: www.waldviertel.at

Kamp-Thaya-March Radweg

Der teilweise anspruchsvolle Kamp-Thaya-March Radweg folgt, wie der Name schon sagt, den Flussläufen von Kamp, Thaya und March und führt dabei durch das Kamptal, den Nationalpark Thayatal und die Marchauen. Der Weg beginnt in Krems an der Donau und endet in Marchegg. Man radelt so durch das gesamte nördliche Niederösterreich, vorbei an historischen Burgen, Schlössern und Orten, sowie Wein-, Feld- und Waldlandschaften. Um die ganze Strecke (421,2 km) abzufahren, benötigt man mindestens eine Woche. Man ist größtenteils auf verkehrsarmen Nebenstraßen oder Güterwegen unterwegs, im Waldviertel ist die Strecke asphaltiert. Natürlich ist es auch möglich, die einzelnen Etappen als Tagesausflug zu planen. Information: www.ktm-radweg.at

Kamp-Thaya-March cycle route

Named after the three rivers it runs along to, this partly challenging route crosses through the picturesque Kamptal valley, National Park Thayatal and the March wetlands, providing you with impressions of castles, little villages, woods, open fields and vinyards. The entire route (421.2 km) will take at least 7 days. It starts at Krems an der Donau and ends at Marchegg. Its sections may also be enjoyed as single day trips. It mainly consists of lesser frequented roads or unpaved agricultural roads. The Waldviertel section is paved. See also: www.ktm-radweg.at/en

Véloroute Kamp-Thaya-March

Comme son nom l'indique, la véloroute Kamp-Thaya-March, partiellement exigeante, longe trois rivières, en passant par la vallée de Kamptal, le parc national de Thayatal et les plaines alluviales de Marchauen. L'itinéraire relie Krems an der Donau à Marchegg et sillonne toute la partie septentrionale de la Basse Autriche, en passant par des forteresses, des châteaux, des villages, ainsi que des vignobles, des champs et des forêts. Pour faire tout le parcours (421,2 km), il faut calculer au moins une semaine. La véloroute emprunte surtout des routes secondaires ou des chemins agricoles à faible circulation, tous goudronnés en région du Waldviertel. Bien sûr, il est également possible de parcourir les étapes, une à une, lors des excursions d'une journée. Information: www.ktm-radweg.at

Pista ciclabile Kamp-Thaya-March

Pista ciclabile in parte piuttosto impegnativa, costeggia, come dice il nome, il corso dei fiumi Kamp, Thaya e Morava passando per la valle del Kamp, il Parco Nazionale Thayatal e le paludi della Morava. Il percorso inizia a Krems e termina a Marchegg, si pedala quindi attraverso tutta la zona settentrionale della Bassa Austria, incontrando antiche fortezze, castelli e luoghi interessanti, oltre a vigne, campi e boschi. L'itinerario è lungo in tutto 421,2 km. e richiede almeno una settimana. Si percorrono per lo più strade poco trafficate o viottoli di campagna, il tratto nel Waldviertel è asfaltato. Ovviamente si possono programmare le singole tappe anche come escursioni giornaliere. Per informazioni: www.ktm-radweg.at

Nationalpark Thayatal Radtour

Dieser Radrundweg führt durch den grenzüberschreitenden Nationalpark Thayatal und bietet neben einer schönen Flusslandschaft auch kulturelle Sehenswürdigkeiten. Man kann die 40 km lange Runde an jedem beliebigen Punkt beginnen, z.B. beim Nationalparkhaus zwischen Hardegg und Merkersdorf. Sehenswert ist Hardegg, die kleinste Stadt Österreichs, die mit einer eindrucksvollen Burg gekrönt wird. Dort gelangt man über eine Brücke über die Grenze nach Südmähren (Tschechien). Bei Lukov sollte man einen Abstecher zur Ruine Neuhäusel (Nový Hrádek) machen und dort die einzigartige Aussicht auf das Thayatal genießen. Beim Weingut Šobes (während der Weinlese September/ Oktober ist die Durchfahrt nicht möglich) passiert man wieder über eine Brücke die Grenze nach Österreich. Information: www.np-thayatal.at

National park Thayatal-Podyjí cycle route

This circular route will take you around the transfrontier national park Thayatal-Podyjí, which offers cultural heritage as well as scenic beauty. You may begin the 40 km long route at any stage you choose, e.g. at the National Park information centre situated between Hardegg and Merkersdorf. Hardegg, Austria's smallest settlement enjoying town status, is overlooked by an impressive castle. It is also a border town, connecting Austria and the Czech Republic by bridge. If you do not mind a little detour, take one at Lubov to the castle ruins of Nový Hrádek. From there, you will enjoy a breathtaking view on the Thaya Valley. At Šobes winery the route will take you back into Austria (Please note that the road is not accessible during grape harvest in September and October). See also: www.np-thayatal.at/en/pages/default.aspx

Boucle verte du parc national de Thayatal

Ce circuit cyclable traverse le parc national transfrontalier de Thayatal et offre, outre le beau paysage fluvial, également des curiosités culturelles. Il est possible de choisir n'importe quel point de départ sur le parcours de 40 km, dont le centre du parc national entre Hardegg et Merkersdorf. Ne manquez pas de visiter Hardegg, la plus petite ville d'Autriche, couronnée d'un château fort impressionnant. Par un pont, l'on y franchit la frontière de la Moravie-du-Sud (Tchéquie). Dans les environs de Lukov, faites un crochet à la ruine de Nový Hrádek et profitez-y de la vue exceptionnelle sur la vallée de Thayatal. Par un pont près du vignoble de Šobes, l'on retraverse la frontière de l'Autriche. Attention, durant les vendanges en septembre et en octobre, le passage n'y est pas possible. Information: www.np-thayatal.at

Itinerario ciclistico Parco Nazionale Thayatal

Questo itinerario ciclistico attraversa il Parco Nazionale della valle del Thaya, al confine tra Austria e Repubblica Ceca, e presenta un bel paesaggio fluviale, oltre a numerosi luoghi di interesse culturale. Si può iniziare il giro di 40 km. da qualunque punto del percorso, per esempio dal centro informazioni del parco fra Hardegg e Merkersdorf. Sulla bella Hardegg, la più piccola città dell'Austria, troneggia una maestosa fortezza. Da qui percorrendo un ponte si passa il confine con la Moravia meridionale. A Lukov si consiglia una deviazione alle rovine di Nový Hrádek, per godere una vista spettacolare sulla valle del fiume Thaya. Presso la vigna di Šobes (in settembre e ottobre, durante la vendemmia, non si può passare!) si oltrepassa di nuovo il confine con l'Austria lungo un ponte. Per informazioni: www.np-thayatal.at

Weintour mit Einsichten (Weinviertel DAC)

Das Weinviertel ist durchzogen von Wein-Themenradwegen, meist benannt nach den Rebsorten der Region. Dazu zählt die 55 km lange Tagestour „Weintour mit Einsichten – Weinviertel DAC", die am Hauptplatz von Retz beginnt. Der Radweg, charakterisiert durch sanfte Hügel mit Weingärten, führt über Waitzendorf nach Pulkau und zur Wallfahrtsstätte „Pulkauer Bründl". Dann wird die Tour über Rafing und Groß-Reipersdorf nach Röschitz fortgesetzt, wo man zwischen zwei Varianten wählen kann: Von Röschitz über Deinzendorf direkt nach Zellerndorf abkürzen oder der regulären Tour über Roseldorf auf den Sandberg und über Platt nach Zellerndorf zu folgen, wo einen die idyllische Kellergasse „Maulavern" erwartet. Von hier kann man auch mit der Bahn zurück nach Retz gelangen. In Pillersdorf lädt die „Öhlbergkellergasse" zum Verweilen ein, bevor es zurück zum Ausgangspunkt geht. Information: www.weinviertel.at

Vineycard cycle tour

Austria's largest wine producing area, the Weinviertel, is veined with vineyard cycle tours mostly named after the prime grape variety of the region. This 55 km long circular day tour starts at the main square of Retz, a small town famous for its wines. Running along lush vineyards, it crosses Waitzendorf, Pulkau, Rafing, Groß-Reipersdorf and Röschitz, where you may choose to take a shortcut to Zellerndorf and its picturesque Kellergasse via Deinzendorf, or follow the main route to Zellerndorf via Roseldorf, Sandberg and Platt. At Zellerndorf, you may also take the train back to Retz. Pillersdorf's Öhlbergkellergasse also offers a charming setting to sample the local wine. See also: www.weinviertel.at/en/

Parcours viticole offrant des révélations (Weinviertel AOC)

La région du Weinviertel est sillonnée de véloroutes à thèmes viticoles, souvent nommées d'après les cépages de la région. Parmi celles-ci compte le parcours viticole offrant des révélations (« Weintour mit Einsichten - Weinviertel DAC »), long de 55 km et faisable en une journée, qui part de la grand-place de Retz. La véloroute empreinte de douces collines et de vignes, passe par Waitzendorf, Pulkau et le lieu de pèlerinage Pulkauer Bründl. Puis, elle continue vers Rafing, Groß-Reipersdorf et Röschitz, où l'on peut choisir entre un raccourci à Zellerndorf en passant par Deinzendorf, ou bien l'itinéraire régulier par Roseldorf, Sandberg et Platt jusqu'à Zellerndorf, qui abrite la « Kellergasse Maulavern », une ruelle idyllique bordée de caves. D'ici, l'on peut rejoindre Retz en train. À Pillersdorf, la ruelle à caves « Öhlbergkellergasse » invite à faire une halte avant de retourner au point de départ. Information: www.weinviertel.at

Tour dei vini (Weinviertel DAC)

La zona del Weinviertel è percorsa da piste ciclabili a tema vinicolo, per lo più denominate secondo il vitigno coltivato nell'area, come l'itinerario giornaliero di 55 km. chiamato „Weinviertel DAC", che parte dalla piazza principale di Retz. Caratterizzato da dolci colline e vigne, passa per Waitzendorf e Pulkau per arrivare alla cappella „Pulkauer Bründl" e poi proseguire via Rafing e Groß-Reipersdorf verso Röschitz, dove possiamo scegliere fra due varianti: tagliare da Röschitz via Deinzendorf direttamente verso Zellerndorf oppure seguire l'itinerario regolare via Roseldorf fino al monte Sandberg e via Platt verso Zellerndorf, dove ci aspetta la deliziosa via „Maulavern", sede di numerose cantine. Da qui si può tornare a Retz anche in treno. A Pillersdorf, pima di rientrare, ci possiamo concedere una sosta nella „Öhlbergkellergasse", altra strada su cui si affacciano numerose cantine. Per informazioni: www.weinviertel.at

EuroVelo 9

Der EuroVelo 9, der auch als Bernsteinroute bezeichnet wird, ist Teil des europäischen Radfernroutennetzes und verbindet die Ostsee mit der Adria. Die insgesamt 1.930 Kilometer lange Strecke führt dabei entlang der antiken Bernsteinstraße von Danzig in Polen über Tschechien, Österreich, Slowenien und Italien bis nach Pula in Kroatien. Der österreichische Streckenabschnitt verläuft von der tschechischen Grenze südlich von Breclav (Lundenburg) durch das schöne Weinviertel bis in die Bundeshauptstadt Wien und wird von dort als Thermenradweg über den Wechsel und durch die Steiermark bis zur slowenischen Grenze weitergeführt. Information: www.ecf.com, www.eurovelo.com

EuroVelo 9

EuroVelo 9 is also dubbed amber route and connects the Baltic Sea with the Adriatic. 1,930 km in total length, it runs along the ancient Amber Road from Gdansk in Poland to Pula in Croatia, crossing the Czech Republic, Austria, Slovenia and Italy. Its Austrian section will take you from the Waldviertel (Lundenburg) on the Czech border to Vienna, where it merges with the so-called spa cycle route, working its way across the Wechsel mountains into Styria and to the Slovenian border. See also: www.ecf.com, www.eurovelo.com

EuroVelo 9

L'EuroVelo 9, également dénommée « route de l'ambre », fait partie du réseau européen de véloroutes de longue distance et relie la mer Baltique à la mer Adriatique. L'itinéraire long de 1930 kilomètres suit l'ancienne route de l'ambre de Gda sk en Pologne jusqu'à Pula en Croatie, en passant par la Tchéquie, l'Autriche, la Slovénie et l'Italie. Le tronçon autrichien part de la frontière tchèque au sud de B eclav (Lundenburg en allemand) et traverse la belle région du Weinviertel en direction de Vienne. De la capitale à travers la montagne du Wechsel et la Styrie jusqu'à la frontière slovène, elle rejoint la véloroute des thermes (« Thermenradweg »). Information: www.ecf.com, www.eurovelo.com

EuroVelo 9

EuroVelo 9, conosciuto anche come „via dell'ambra", fa parte della rete di itinerari ciclistici europei e collega il Mar Baltico con l'Adriatico. Lungo complessivamente 1930 km., si estende lungo l'antica via dell'ambra che parte da Danzica, in Polonia, per raggiungere Pola, in Croazia, attraversando la Repubblica Ceca, l'Austria, la Slovenia e l'Italia. Il tratto austriaco corre dal confine con la Repubblica Ceca a sud di Breclav per il bel paesaggio del Weinviertel fino alla capitale Vienna, e da qui prosegue come pista ciclabile della regione termale, oltrepassando il monte Wechsel e la Stiria fino al confine con la Slovenia. Per informazioni: www.ecf.com, www.eurovelo.com

Ybbstalradweg

Vom Donau-Radweg in Ybbs kann man auf den Ybbstalradweg wechseln und durch das Mostviertel radeln, wobei man immer im Nahbereich des namensgebenden Flusses bleibt. Der Weg beginnt in Ybbs an der Donau und führt über Karsbach, Ennsbach und Blindenmarkt bis nach Amstetten. Weiter Richtung Süden beschreiben die Ybbs und so auch der Radweg nun einen weiten Bogen. Die Strecke verläuft nun über Kematen, Waidhofen an der Ybbs, Hollenstein an der Ybbs und Göstling bis nach Lunz am See, wo der Ybbstalradweg endet. Die gesamte Strecke von Ybbs bis Lunz ist etwa 100 km lang. Für alle, die noch weiterradeln wollen, gibt es anschließend eine Verbindung zum Ötscherland-Radweg. Information: www.radwege-mostviertel.com/Ybbstalradweg

Ybbstal cycle route

At Ybbs, you may switch from the Danube Cycle Route to the Ybbstal Cycle Route and cross the Mostviertel region, following the course of the river Ybbs. This cycle route runs from Ybbs an der Donau to Karsbach, Ennsbach, Blindenmarkt, Amstetten, Kematen, Waidhofen an der Ybbs, Hollenstein an der Ybbs, and Göstling, before reaching its final destination Lunz am See. The route's total length is 100 km. At Lunz am See, you may take a connecting trail to continue on to the Ötscherland Cycle Route. See also: www.radwege-mostviertel.com/Ybbstalradweg (available in German only)

Véloroute de l'Ybbstal

À Ybbs, il est possible de bifurquer de la véloroute du Danube à celle de la vallée d'Ybbstal, qui sillonne la région du Mostviertel en longeant la rivière du même nom. L'itinéraire part d'Ybbs an der Donau et mène à Amstetten, en passant par Karsbach, Ennsbach et Blindenmarkt. Plus loin, en direction du sud, l'Ybbs et donc également la véloroute dessinent une grande courbe. L'itinéraire continue par Kematen, Waidhofen an der Ybbs, Hollenstein an der Ybbs et Göstling jusqu'à Lunz am See, où se termine la véloroute de l'Ybbstal. L'ensemble du parcours d'Ybbs à Lunz est long d'environ 100 km. Tous ceux qui aimeraient continuer, peuvent profiter d'une liaison à la véloroute de l'Ötscherland. Information: www.radwege-mostviertel.com/Ybbstalradweg

Pista ciclabile Ybbstal

Dalla pista ciclabile del Danubio a Ybbs si può passare a quella della Ybbstal e pedalare per la zona del Mostviertel, rimanendo sempre nei paraggi del fiume omonimo. Il percorso inizia a Ybbs e tocca Karsbach, Ennsbach e Blindenmarkt fino ad Amstetten. Proseguendo in direzione sud sia il fiume Ybbs sia la pista disegnano un'ampia curva per poi proseguire verso Kematen, Waidhofen an der Ybbs, Hollenstein an der Ybbs e Göstling fino a Lunz am See, dove termina questo itinerario, lungo complessivamente 100 km. da Ybbs a Lunz. Per chi desideri continuare a pedalare, c'è un collegamento con la pista ciclabile Ötscherland. Per informazioni: www.radwege-mostviertel.com/Ybbstalradweg

Meridianradweg

Der Name des Meridianradweges bezieht sich auf den 15. Längengrad (Meridian), der entlang dieser Strecke berührt wird. Der Weg ist ideal für einen Familienausflug geeignet, verläuft er doch zum Großteil auf kleinen Landstraßen mit geringen Steigungen durch das Kleine Erlauftal. Er hat eine Gesamtlänge von 35 km. Der Meridian-Radweg beginnt in St. Pölten und führt im Kleinen Erlauftal über Wieselburg, Steinakirchen und Wang nach Randegg. Hier überquert er beim Meridianstein den 15. Längenmeridian und führt weiter in die Marktgemeinde Gresten. Über Brettl erreicht man Kienberg im Erlauftal, von wo man auf dem Ötscherland-Radweg entlang der Erlauf oder mit dem Zug wieder nach Wieselburg zurückfahren kann. Information: www.mostviertel.at/meridianradweg

Meridian cycle route

This cycle route crosses the 15th meridian east, from which it also derives its name. It is ideal for families with children as it runs on small country roads with few climbs. Its total length is 35 km. The Meridian Cycle Route starts at St. Pölten. On its way through the Kleines Erlauftal valley, it runs through Wieselburg, Steinakirchen, Wang and Randegg, where it crosses the name-giving line of longitude and continues on to Gresten, Brettl and Kienberg. At Kienberg, you may switch to the Ötscherland Cycle Route or take the train back to Wieselburg. See also: www.mostviertel.at/meridianradweg

Véloroute du méridien

Le nom de la véloroute du méridien fait référence au 15e méridien que cet itinéraire croise à un certain moment. Le parcours est idéal pour une randonnée en famille, puisqu'il emprunte en grande partie de petites routes départementales à faible pente dans la vallée de Kleines Erlauftal. Il a une longueur totale de 35 km. La véloroute du méridien part de St. Pölten et traverse la vallée de Kleines Erlauftal, en passant par Wieselburg, Steinakirchen et Wang jusqu'à Randegg, où elle franchit le 15e méridien, marqué par la pierre du méridien (« Meridian-stein »), et continue au bourg de Gresten. Via Brettl, l'on rejoint Kienberg im Erlauftal, d'où l'on peut retourner à Wieselburg en train ou en empruntant la véloroute de l'Ötscherland le long de la rivière de l'Erlauf. Information: www.mostviertel.at/meridianradweg

Pista ciclabile meridian

Il nome della pista ciclabile „meridiano" si riferisce al grado di longitudine (15°) su cui si svolge l'itinerario. Perfettamente idonea per gite familiari, corre per lo più per stradine di campagna con dislivelli minimi lungo la piccola valle Erlauftal. Lunga in tutto 35 km. Inizia a St. Pölten e attraversa la valle passando per Wieselburg, Steinakirchen e Wang in direzione Randegg, dove supera il 15° meridiano e prosegue nel comune mercato di Gresten. Via Brettl si arriva a Kienberg, dove ci si può spostare sulla pista ciclabile Ötscherland lungo il fiume Erlauf o rientrare in treno a Wieselburg. Per informazioni: www.mostviertel.at/meridianradweg

Ötscherland-Radweg

Der Ötscherland-Radweg führt stets entlang der Erlauf durch das gleichnamige Tal bis zum Fuß des Ötscher-Massivs. Gestartet wird in Pöchlarn. Von hier verläuft der Weg über den Markt Erlauf nach Wieselburg, wo eine Verbindung zum Meridianradweg ins Kleine Erlauftal gegeben ist. Weiter südwärts gelangt man nach Purgstall an der Erlauf. Dort verlässt man die Bundesstraße und radelt durch Berging, Plaika und Schauboden und nahe dem Fluss weiter in die Bezirkshauptstadt Scheibbs. Der Radweg verläuft nun wieder entlang der Bundesstraße über Neubruck nach Kienberg, wo die Erlauf aus der Tormäuerschlucht entspringt. Der Radweg führt weiter über den Markt Gaming ins Bodingbachtal und von hier weiter ins obere Ybbstal bei Lunz am See (Übergang zum Ybbstalradweg). Nun ein Stück der oberen Ybbs (Ois) entlang flussaufwärts durch die Langau und schließlich hinauf ins Ötscherdorf Lackenhof. Information: www.fahr-radwege.com/Oetscherlandradweg

Ötscherland cycle route

The Ötscherland Cycle Route runs along the banks of the river Erlauf to the foothills of the Ötscher massif. It starts at Pöchlarn, from where it will take you to the town of Erlauf and Wieselburg, where you may also switch to the Meridian Cycle Route. At Purgstall an der Erlauf, the route leaves the national road and continues on smaller roads to Berging, Plaika, Schauboden and Scheibbs. At Scheibbs, it switches back onto a national road to continue to Neubruck and Kienberg, where you may find the source of the river Erlauf in Tormäuerschlucht gorge. The route then leads on to Gaming and into the Bodingbachtal valley and the Ybbstal valley to Lunz am See, where you may switch to the Ybbstal Cycle Route. Crossing Ois and Langau, you will reach Lackenhof, this route's final destination. See also: www.fahr-radwege.com/Oetscherlandradweg (available in German only)

Véloroute de l'Ötscherland

La véloroute de l'Ötscherland longe la rivière de l'Erlauf dans la vallée du même nom jusqu'au pied du massif de l'Ötscher. Après le départ à Pöchlarn, l'itinéraire mène à Markt Erlauf et puis à Wieselburg, d'où il y a une liaison à la véloroute du méridien dans la vallée de Kleines Erlauftal. Plus vers le sud, on rejoint Purgstall an der Erlauf, où l'on abandonne la route nationale pour pédaler près de la rivière à Berging, Plaika et Schauboden jusqu'au chef-lieu de Scheibbs. L'itinéraire continue le long de la route nationale et passe par Neubruck à Kienberg, où l'Erlauf prend sa source dans la gorge de Tormäuerschlucht. La véloroute continue par Markt Gaming à la vallée de Bodingbachtal et puis à la vallée d'Ybbstal près de Lunz am See (liaison à la véloroute de la vallée d'Ybbstal). Le dernier tronçon remonte la

vallée de l'haute Ybbs (Ois) en traversant la Langau et se termine à Lackenhof au pied du sommet de l'Ötscher. Information: www.fahr-radwege.com/Oetscherlandradweg

Pista ciclabile Ötscherland

La pista ciclabile corre ininterrotta lungo l'Erlauf attraverso la valle omonima fino ai piedi del massiccio dell'Ötscher. Si parte da Pöchlarn e passando dal mercato di Erlauf si procede per Wieselburg, dove troviamo un collegamento con la pista ciclabile del meridiano nella piccola valle Erlauftal. Andando verso sud raggiungiamo Purgstall an der Erlauf, dove lasciamo la statale e pedaliamo verso Berging, Plaika e Schauboden fino alla località principale vicino al fiume, Scheibbs. Da qui la pista costeggia di nuovo la statale verso Kienberg via Neubruck, dove l'Erlauf esce dalla gola di Tormäuer, e continua via Gaming per la valle Bodingbachtal e la valle superiore Ybbstal presso Lunz am See (collegamento con la pista ciclabile Ybbstal) per risalire il fiume Ybbs (qui chiamato Ois) attraverso Langau e infine su per Ötscherdorf Lackenhof. Per informazioni: www.fahr-radwege.com/Oetscherlandradweg

Donau-Radweg

Mit einer Gesamtlänge von 2.860 km ist die Donau der zweitlängste Fluss in Europa und das mächtigste fließende Gewässer in Österreich. Der Radweg entlang des gewaltigen Stromes ist aufgrund der reizenden Landschaften, die durchfahren werden, sowie der zahlreichen historischen und kulturellen Sehenswürdigkeiten ein Highlight und der populärste Radweg Österreichs. Die Route verläuft von Westen nach Osten und nimmt in Passau (Deutschland) ihren Anfang. Mitunter zu den schönsten Landschaften, die sich auf der österreichischen Teilstrecke bis nach Bratislava (Slowakei) offenbaren, zählt die Wachau. Der Donauradweg bietet zudem immer wieder Anschlussmöglichkeiten an andere Radwege und auch die Kombination von Rad und Bahn oder Schiff ist beliebt. Information: www.donauradweg.at

Danube cycle route

The Danube is Europe's second longest river after the Volga, and Austria's most important waterway. Cycling along its banks, you will get to enjoy an area rich in cultural heritage and picturesque landscape. The Austrian section of this route begins at Passau (Germany) and ends at Bratislava (Slovakia). One of its highlights is the Wachau valley, arguably the most beautiful spot in Austria, and an area steeped deep in history. Here at Dürnstein castle, Richard the Lionheart was imprisoned whilst waiting for his ransom to arrive from England. At several stops along the route, you may switch to other cycle routes, or continue your way by boat or train. See also: www.donauradweg.at (available in German only)

Voie verte du Danube

Avec sa longueur totale de 2860 km, le Danube est le deuxième fleuve d'Europe et le plus puissant cours d'eau d'Autriche. La voie verte le long du fleuve imposant est un temps fort grâce aux doux paysages qu'elle traverse, mais aussi à cause des curiosités historiques et culturelles, ce qui en fait donc le plus populaire parcours cyclable d'Autriche. L'itinéraire suit le cours de l'eau de l'ouest à l'est et part de Passau (Allemagne). Parmi les plus beaux paysages qui se laissent découvrir le long du tronçon jusqu'à Bratislava (Slovaquie) figure la vallée de la Wachau. La voie verte du Danube offre d'ailleurs, encore et toujours, des liaisons à d'autres véloroutes. En outre, la combinaison vélo-train ou vélo-bateau est bien populaire. Information: www.donauradweg.at

Pista ciclabile del Danubio

Lungo complessivamente 2860 km., il Danubio è il secondo fiume più lungo d'Europa e il principale corso d'acqua austriaco. La pista ciclabile che costeggia le sue maestose correnti è la più conosciuta e apprezzata del paese, grazie ai suoi paesaggi incantevoli e alla gran quantità di luoghi di interesse storico e culturale. L'itinerario va da ovest verso est e inizia in Germania a Passau. Tra le zone paesaggistiche più belle che si incontrano nel tratto austriaco, fino a Bratislava in Slovacchia, ricordiamo la Wachau. La pista ciclabile del Danubio presenta regolarmente numerose possibilità di collegamento con altri percorsi e consente anche di combinare bicicletta, treno e traghetto. Per informazioni: www.donauradweg.at

Traisental-Radweg

Der Traisental-Radweg verläuft über insgesamt 111 km und meist entlang des Ufers des gleichnamigen Flusses zwischen Mariazell und Traismauer. Da die erste Etappe einige Steigungen aufweist und relativ kurvenreich verläuft, wird Familien empfohlen in Kernhof anstatt Mariazell zu starten. Während der Radweg Richtung Traismauer für Familien und gemütliche Radfahrer wunderbar geeignet ist, gilt für die Richtung nach Mariazell das Gegenteil. In dieser Richtung wird die Strecke sportlichen und konditionsstarken Radlern empfohlen bzw. Rad-Pilgern auf dem Weg zum wichtigsten Wallfahrtsort Österreichs. Die Strecke verläuft durch Traismauer und Herzogenburg nach St. Pölten. Über

Wilhelmsburg, Traisen, Lilienfeld und St. Aegyd am Neuwalde gelangt man schließlich zum Ziel Mariazell. Information: www.traisentalradweg.at

Traisental cycle route

The Traisental Cycle Route will take you along the banks of the river Traisen from Mariazell, Austria's most important pilgrimage site, to Traismauer. Its total length is 111 km. As the first section consists of a few climbs and many curves, families may want to start at Kernhof instead of Mariazell. Please note that whilst the route from Mariazell to Traismauer is suitable for families with children and those who wish to take it slow, the opposite direction poses quite a challenge and is best left to experienced cyclists. These would start at Traismauer, and continue to Herzogenburg, St. Pölten Wilhelmsburg, Traisen, Lilienfeld and St. Aegyd am Neuwalde before reaching the final destination of Mariazell. See also: www.traisentalradweg.at (available in German only)

Véloroute de la Traisental

Sur une longueur totale de 111 km, la véloroute de la vallée de Traisental longe en grande partie la rivière du même nom entre Mariazell et Traismauer. Bien que le parcours en direction de Traismauer soit idéal pour des familles et des amateurs, le contraire est le cas en remontant vers Mariazell. Dans cette direction, l'itinéraire est recommandé aux cyclistes sportifs qui ont du souffle, ou bien aux pèlerins cyclistes sur le chemin du plus important lieu de pèlerinage d'Autriche. L'itinéraire va de Traismauer (À cause des descentes assez abruptes et sinueuses, il est conseillé aux familles avec des enfants de commencer à Kernhof) à Herzogenburg et puis à St. Pölten. Par Wilhelmsburg, Traisen, Lilienfeld et St. Aegyd am Neuwalde, l'on arrive enfin à Mariazell. Information: www.traisentalradweg.at

Pista ciclabile Traisental

La pista ciclabile Traisental costeggia per oltre 111 km. le sponde del fiume omonimo fra Mariazell e Traismauer. In direzione Traismauer è perfettamente adatta per famiglie e comode pedalate, ma vale il contrario in direzione Mariazell: questo tratto è consigliato per ciclisti molto sportivi e in buone condizioni fisiche o per pellegrinaggi in bicicletta verso il principale santuario dell'Austria. Il percorso passa per Traismauer (a causa della salita piuttosto ripida e ricca di curve, famiglie con bambini dovrebbero partire da Kernhof) e Herzogenburg verso Sankt Pölten e prosegue per Wilhelmsburg, Traisen, Lilienfeld e St. Aegyd am Neuwalde per raggiungere infine Mariazell. Per informazioni: www.traisentalradweg.at

Triestingtal-Radweg

Der schöne Triestingtal-Radweg startet in Leobersdorf und ist, bis auf die anstrenge letzte Etappe auf den Gerichtsberg, durchaus familientauglich. Von Leobersdorf führt der Weg über Hirtenberg und Sankt Veit an der Triesting nach Berndorf. Der folgende Streckenabschnitt verläuft über Pottenstein und Fahrafeld nach Weissenbach an der Triesting und weiter nach Altenmarkt, über Thenneberg gelangt man nach Kaumberg. Besonders sportliche Radfahrer können danach noch den letzten Abschnitt des Weges auf den Gerichtsberg in Angriff nehmen. Für diese zwar nur rund 3 ½ Kilometer lange Strecke ist Kondition erforderlich, immerhin müssen nicht weniger als 200 Höhenmeter überwunden werden. Information: www.triestingtal.at

Triestingtal cycle route

The Triestingtal Cycle Route begins at Leobersdorf. Apart from its last section, which consists of a long climb, it is suitable for families with children. From Leobersdorf, the route runs through Hirtenberg, St. Veit an der Triestig and Berndorf. From there it continues to Pottenstein, Fahrafeld, Weissenbach an der Triestig, Altenmarkt, Thenneberg and Kaumberg. From Kaumberg, experienced cyclists may tackle the last section up Gerichtsberg, in which you will cover an elevation of 200 m in just 3.5 km. See also: www.triestingtal.at (available in German only)

Véloroute de la Triestingtal

La belle véloroute de la vallée de Triestingtal est, à part la dernière étape pénible sur les hauteurs du Gerichtsberg, bien adaptée aux familles. L'itinéraire part de Leobersdorf et passe par Hirtenberg et Sankt Veit an der Triesting à Berndorf. Le tronçon suivant mène par Pottenstein et Fahrafeld à Weissenbach an der Triesting et puis à Altenmarkt. Via Thenneberg, on rejoint Kaumberg. Les cyclistes particulièrement sportifs peuvent enchaîner la dernière étape de la véloroute en attaquant la montée sur le Gerichtsberg. Malgré sa longueur totale de seulement 3,5 km, ce tronçon demande du souffle – après tout, il faut surmonter un dénivelé de non moins de 200 mètres. Information: www.triestingtal.at

Pista ciclabile Triestingtal

La bella pista ciclabile Triestingtal parte da Leobensdorf ed è decisamente adatta alle famiglie, fatta eccezione per l'ultima faticosa tappa sul monte Gerichtsberg. Il percorso porta da Leobersdorf via Hirtenberg e Sankt Veit an der Triesting in direzione Berndorf. Il tratto successivo passa per Pottenstein e Fahrafeld verso Weissenbach an der Triesting e prosegue per Altenmarkt, per poi raggiungere Kaumberg via Thenneberg. I ciclisti più sportivi possono poi affrontare la tappa più impegnativa, l'ultima, il Gerichtsberg, lunga appena 3,5 km., ma che richiede buone condizioni fisiche per superare i ben 200 m. di dislivello. Per informazioni: www.triestingtal.at

Kreuttal-Radroute

Von Langenzersdorf führt die „Kreuttalroute" nach Bisamberg und Korneuburg und Richtung Norden nach Hermannsdorf, wo sie mit dem Themenradweg „Sagenhaft" zusammentrifft. Der nächste Abschnitt führt nach Kleinrötz, wo man zwischen zwei Varianten wählen kann: Die eine führt zurück nach Bisamberg, und zwar über Manhartsbrunn (kurze Steigungsstrecke 1,5 km) und vorbei an der schönen Kellergasse nach Enzersfeld. Von hier aus gelangt man über Königsbrunn nach Hagenbrunn. Die andere Variante führt nordwärts über Mollmannsdorf und Würnitz nach Weinstein. Hier spaltet sich der Weg wiederum auf und man kann entweder über Großrußbach oder über Wetzleinsdorf und Kleinebersdorf nach Hipples gelangen. Von dort aus verläuft die Route ostwärts und endet bei Oberkreuzstetten. Information: www.kreuttal.at

Kreuttal cycle route

The first section of Kreuttal Cycle Route will take you from Langenzersdorf to Bisamberg, Korneuburg and Hermannsdorf, where it merges with the 'Sagenhaft' theme cycle route. From there, it continues to Kleinrötz, from where you may continue on two different paths. The first will take you back to Bisamberg via Manhartsbrunn and its picturesque Kellergasse, Enzersfeld, Königsbrunn and Hagenbrunn. The alternative route will take you from Kleinrötz to Mollmannsdorf, Würmitz and Weinstein. At Weinstein, you may continue to Hipples via Großrußbach or via Wetzleinsdorf and Kleinebersdorf. The last section runs from Hipples to Oberkreuzstetten. See also: www.kreuttal.at (available in German only)

Véloroute de la Kreuttal

De Langenzersdorf, la « route du Kreuttal » conduit à Bisamberg et Korneuburg et du nord au Hermannsdorf, où elle rejoint la véloroute à theme de « la Fabuleuse » (« Sagenhaft »). Le tronçon suivant mène à Kleinrötz, où l'on peut choisir entre deux options : La première propose de retourner à Bisamberg en passant par Manhartsbrunn (petite montée sur 1,5 km) et par la jolie ruelle bordée de caves jusqu'à Enzersfeld, puis Königsbrunn et finalement Hagenbrunn. L'autre variante mène en direction du nord, en passant par Mollmannsdorf et Würnitz à Weinstein, où l'itinéraire se scinde encore une fois en deux. Soit par Großrußbach, soit par Wetzleinsdorf et Kleinebersdorf, on peut rejoindre Hipples. Ensuite,

la route poursuit vers l'est et se termine près d'Oberkreuzstetten. Information: www.kreuttal.at

Itinerario ciclistico Kreuttal

Questa pista ciclabile parte da Langenzersdorf porta a Bisamberg e Korneuburg e a nord a Hermannsdorf, dove incrocia la pista tematica "Sagenhaft" (la leggendaria). Il tratto successivo porta a Kleinrötz, dove si può scegliere fra due alternative: tornare indietro a Bisamberg via Manhartsbrunn (piccola salita di 1,5 km.) passando per la bella strada dei vini verso Enzersfeld e arrivare a Hagenbrunn via Königsbrunn, oppure procedere in direzione nord per Weinstein via Mollmannsdorf e Würnitz. Anche qui troviamo un bivio: si può arrivare a Hipples passando per Großrußbach o via Wetzleinsdorf e Kleinebersdorf. Da qui il percorso continua verso est e termina a Oberkreuzstetten. Per informazioni: www.kreuttal.at

Römerland Carnuntum Radtour

Vom Trubel der Hauptstadt hinausradeln ins weite Land durch die Weinbauregion Carnuntum und vorbei an idyllischen Radrastplätzen – so könnte das Motto dieser Tour lauten. Vom Hohen Markt in Wiens Innenstadt geht es zuerst zum Donaukanal, ihm entlang in Richtung Stadtgrenze, wo ab Mannswörth der Beschilderung Richtung Schwechat gefolgt wird. Zur Linken stets den Flughafen Wien Schwechat im Blickfeld, beginnt eine Tour, die von historischem Wert geprägt ist. Höhepunkt ist das Heidentor, das kurz vor Petronell – Carnuntum passiert wird. Hier wird die größte archäologisch bedeutsame Landschaft Österreichs durchfahren, bevor nach rund 75 km das Ziel Hainburg erreicht wird. Information: www.roemerland-carnuntum.at

Roman remains cycle route

This tour is 66 km in total length and takes you to wine growing region of Carnuntum, which is named after the Roman remains at Petronell. It begins in the city centre of Vienna, from where you cycle along the Danube canal into the direction of the airport at Schwechat. Keep right of the airport and follow the signs to Carnuntum. You might want to take a break to see Heidentor and the archeological site. From Petronell, continue on to Hainburg, the final destination of this tour. See also:

www.roemerland-carnuntum.at (available in German only)

Véloroute Römerland Carnuntum

Échapper au brouhaha de la capitale en pédalant vers le vaste pays, à travers la région viticole de Carnuntum avec ses aires de repos idylliques – telle pourrait être la devise de ce tour. Après le départ du Hoher Markt au centre de Vienne, l'on suit le Donaukanal jusqu'aux limites de la ville, en suivant depuis Mannswörth le balisage en direction de Schwechat. L'aéroport de Wien Schwechat toujours sur la gauche, commence un itinéraire empreint de l'histoire. Son temps fort est la porte des païens (« Heidentor »), que l'on passe juste avant Petronell-Carnuntum. Sur ses 75 km, la véloroute traverse le plus grand et remarquable paysage archéologique d'Autriche, avant d'arriver à la destination, à Hainburg. Information: www.roemerland-carnuntum.at

Itinerario ciclistico Römerland Carnuntum

Pedalare via dalla confusione cittadina per immergersi negli spazi aperti della zona vinicola di Carnuntum con le sue incantevoli aree di sosta – il motto di questa escursione potrebbe suonare così. Si parte dalla centralissima piazza viennese Hoher Markt per il canale artificiale del Danubio, lo si costeggia fino a lasciare il territorio comunale a Mannswörth per proseguire seguendo la segnaletica per Schwechat. Mantenendo l'aeroporto sulla sinistra inizia il percorso a carattere storico, che culmina nella porta Heidentor, sotto la quale si passa poco prima di Petronell-Carnuntum. Qui attraversiamo l'area archeologica più grande e importante dell'Austria, per poi raggiungere la nostra meta, Hainburg, dopo 75 km. Per informazioni: www.roemerland-carnuntum.at

Wehrkirchenstraße-Radroute Bucklige Welt

Die Wehrkirchen-Radroute verläuft entlang der „Wehrkirchenstraße" und verbindet Edlitz mit Katzelsdorf bzw. Wiener Neustadt. In Edlitz, am Ausgangspunkt der Route, erwartet den Besucher eine kleine, informative Ausstellung über die Wehrkirchen. Zusätzlich informieren an jeder Kirche Kurzbeschreibungen über die bedeutendsten Wehreinrichtungen. Von Edlitz führt die Route über Krumbach, Hochneukirchen und Bad Schönau nach Kirchschlag in der Buckligen Welt, den südlichsten Punkt der Runde. Anschließend fährt man nordwärts Richtung Wiener Neustadt. Über Lichtenegg, Hollenthon, Wiesmath, Hochwolkersdorf, Bromberg und Lanzenkirchen erreicht man schließlich das südlich von Wiener Neustadt gelegene Katzelsdorf, wo der Radweg endet. Information: www.buckligewelt.at

Fortress Church Cycle Route

The Fortress Church Cycle Route runs along the road of the same name and connects Edlitz to Katzelsdorf and Wiener Neustadt. Its starting point, Edlitz, offers a small exhibition on the history of the fortified churches of the region. From here, the route continues to Krumbach, Hochneukirchen and Bad Schönau to Kirchschlag in der Buckligen Welt, the southernmost point of this route. From here, the road turns north towards Wiener Neustadt. In this section, you will cross Lichtenegg, Hollenthon, Wiesmath, Hochwolkersdorf, Bromberg and Lanzenkirchen, before you reach the final destination, Katzelsdorf, situated in the south of Wiener Neustadt. See also : www.buckligewelt.at (available in German only)

Route des églises fortifiées-Véloroute Bucklige Welt

La véloroute des églises fortifiées longe la « Wehrkirchenstraße » et relie Edlitz à Katzelsdorf ou bien à Wiener Neustadt. Edlitz, le point de départ, offre une petite exposition intéressante sur les églises fortifiées. En plus, le randonneur trouvera de brèves descriptions informatives des plus importants aménagements de défense devant chaque église. Depuis Edlitz, l'itinéraire passe par Krumbach, Hochneukirchen et Bad Schönau à Kirchschlag in der Buckligen Welt, le point le plus méridional de la bouclée. Puis, l'on poursuit vers le nord, en direction de Wiener Neustadt. En passant par Lichtenegg, Hollenthon, Wiesmath, Hochwolkersdorf, Bromberg et Lanzenkirchen, on arrive enfin à Katzelsdorf, au sud de Wiener Neustadt, où la véloroute se termine. Information: www.buckligewelt.at

Itinerario ciclistico Wehrkirchenstraße-"Bucklige Welt"

L'itinerario corre lungo la „via delle chiese fortificate" collegando Edlitz con Katzelsdorf e Wiener Neustadt. Alla partenza a Edlitz una piccola mostra informativa sulle chiese fortificate accoglie i visitatori, e ad ogni chiesa vengono inoltre descritte le strutture difensive più importanti. Da Edlitz il percorso prosegue per Krumbach, Hochneukirchen e Bad Schönau in direzione Kirchschlag nel „paese delle 1000 colline", il punto più meridionale del giro, da cui si risale verso nord per Wiener Neustadt. Si continua da qui per Lichtenegg, Hollenthon, Wiesmath, Hochwolkersdorf, Bromberg e Lanzenkirchen per terminare la corsa a Katzelsdorf, a sud di Wiener Neustadt. Per informazioni: www.buckligewelt.at

Thermenregion-Radweg (Thermenradweg)

 Der rund 95 Kilometer lange Radweg „Thermenregion" ist weitgehend flach und familienfreundlich. Der Weg führt von Wien meist entlang des Wiener Neustädter Kanals, einem der bedeutendsten

Industriedenkmäler des Landes, in die Bucklige Welt und endet in Mönichkirchen. Begleitet wird die Strecke von herrlicher Landschaft, kulturellen Sehenswürdigkeiten und kulinarischen Verwöhn-Einrichtungen. Östlich von Gumpoldskirchen verläuft der Weg zunächst entlang des Wiener Neustädter Kanals bis nach Kottingbrunn. Bei Schönau an der Triesting trifft der Thermenregion-Radweg auf den Eurovelo 9. Auf selber Strecke führt die Route entlang des Wiener Neustädter Kanals bis nach Wiener Neustadt. Über Katzelsdorf, Lanzenkirchen, Bad Erlach, Pitten und Aspang gelangt man schließlich zum Endpunkt Mönichkirchen. Information: www.fahr-radwege.com

Lower austrian spa cycle route

 This cycle route covers a total length of 95 km, consists of mainly flat terrain and is suitable for families with children. It leads from Vienna through the Bucklige Welt hills to Mönichkirchen, where it merges with the Schwarzatal cycle route. Alongside the road, you will find a landscape rich in scenic beauty and cultural heritage, as well as inns and restaurants offering Austrian culinary delights. The route mainly runs along the Wiener Neustädter Kanal, one of Austria's most important industrial landmarks, which it firstly meets at Gumpoldskirchen. It then crosses Kottningbrunn and Schönau an der Triesting, where it merges with the Eurovelo 9. From Wiener Neustadt, it runs through Katzelsdorf, Lanzenkirchen, Bad Erlach, Pitten and Aspang to Mönichkirchen, its final destination. See also: www.fahr-radwege.com (available in German only)

Véloroute de la région thermale

 La véloroute de la région thermale (« Thermenregion ») longue d'environ 95 km, n'a presque pas de dénivelé et accueille beaucoup de familles. L'itinéraire part de Vienne et longe le Wiener Neustädter Kanal, l'un des plus importants exemples du patrimoine industriel du pays, jusqu'à Schwarzau am Steinfeld au sein du massif de Bucklige Welt par Mönichkirchen. Le parcours est bordé de paysages magnifiques, de curiosités culturelles et de haltes gourmandes. À l'est de Gumpoldskirchen, l'itinéraire longe d'abord le Wiener Neustädter Kanal jusqu'à Kottingbrunn. Près de Schönau an der Triesting, la véloroute rejoint l'EuroVelo 9. Réunis en un même parcours, ils suivent alors le Wiener Neustädter Kanal vers Wiener Neustadt. En passant par Katzelsdorf Lanzenkirchen, Bad Erlach, Pitten et Aspang on arrive enfin à la destination, à Mönichkirchen. Information: www.fahr-radwege.com

Itinerario ciclistico regione termale

Pista ciclabile lunga 95 km, per la maggior parte in piano e ideale per le famiglie, parte da Vienna costeggiando il canale di Wiener Neustadt, uno fra i principali monumenti industriali del paese, attraverso il paesaggio collinare fino a Mönichkirchen, dove si congiunge alla pista ciclabile Schwarzatal. Splendido ambiente naturale, luoghi di interesse culturale e gastronomia di ottimo livello accompagnano i ciclisti. A est di Gumpoldskirchen il percorso continua lungo il canale fino a Kottingbrunn, e presso Schönau an der Triesting la pista incrocia Eurovelo 9 per procedere fino a Wiener Neustadt e raggiungere infine via Katzelsdorf, Lanzenkirchen, Bad Erlach, Pitten e Aspang il punto d'arrivo a Mönichkirchen. Per informazioni: www.fahr-radwege.com

Schwarzatal-Radweg

Der insgesamt 37,8 Kilometer lange und durchgehend asphaltierte Schwarzatal-Radweg verläuft entlang der kristallklaren Schwarza und bietet ein tolles Radfahr-Erlebnis für die ganze Familie. Der Weg beginnt in Schwarzau am Steinfeld und führt über Breitenau, Loipersbach und Neunkirchen nach Ternitz. Tipp: An heißen Sommertagen empfiehlt sich das Erlebnisparkbad „blub" in Ternitz zur Abkühlung. Von hier radelt man weiter nach Köttlach, Gloggnitz, Schlöglmühl, Payerbach und Reichenau an der Rax bis man Hirschwang an der Rax erreicht. Die Tour kann von Hirschwang nach Schwarzau im Gebirge fortgesetzt werden, allerdings verläuft der Weg hier entlang einer kurvenreichen, stärker befahrenen Straße. Information: www.fahr-radwege.com

Schwarzatal cycle route

Schwarzatal Cycle Route covers 37.8 km of paved road along the crystal-clear waters of the Schwarza river, and is an ideal excursion for families with children. The route starts at Schwarzau am Steinfeld and runs through Breitenau, Loipersbach, Neunkirchen and Ternitz, where you might take a refreshing stop at 'blub' waterpark. From Ternitz, the route continues to Köttlach, Gloggnitz, Schlöglmühl, Payerbach, Reichenau an der Rax and Hirschwang an der Rax. At Hirschwang, you may continue to Schwarzau im Gebirge. Please note that this last section runs on a well-frequented serpentine road. See also: www.fahr-radwege.com (available in German only)

Véloroute de la Schwarzatal

La véloroute de la Schwarzatal d'une longueur totale de 37,8 km est entièrement goudronnée. Longeant les eaux cristallines de la rivière de la Schwarza, elle offre une belle expérience cycliste pour toute la famille. L'itinéraire part de Schwarzau am Steinfeld et passe par Breitenau, Loipersbach et Neunkirchen à Ternitz. Un conseil : Sous la chaleur de l'été, ne manquez pas de vous rafraîchir au parc aquatique « blub » à Ternitz. On poursuit alors par Köttlach, Gloggnitz, Schlöglmühl, Payerbach et Reichenau an der Rax, avant d'arriver à Hirschwang an der Rax. Il est possible de continuer de Hirschwang à Schwarzau im Gebirge, l'itinéraire y emprunte pourtant une route sinueuse à plus forte circulation. Information: www.fahr-radwege.com

Pista ciclabile Schwarzatal

Lunga in tutto 37,8 km. e interamente asfaltata, la pista ciclabile corre lungo le acque cristalline del fiume Schwarza e garantisce un'esperienza fantastica per tutta la famiglia. L'itinerario inizia a Schwarzau am Steinfeld e porta a Ternitz passando per Breitenau, Loipersbach e Neunkirchen. Una dritta per le calde giornate estive: rinfrescarsi nel parco acquatico „Blub" a Ternitz. Da qui si pedala ancora per Köttlach, Gloggnitz, Schlöglmühl, Payerbach e Reichenau fino a raggiungere Hirschwang an der Rax, da dove si può proseguire per Schwarzau im Gebirge, tuttavia il percorso segue qui una strada piuttosto trafficata e piena di tornanti. Per informazioni: www.fahr-radwege.com

Linzer Straße

Schloss Edla Musikschule

Neuer Friedhof

Alter Friedhof

Haupt-platz

Wiener Straße

Rathaus

Waidhofner Straße

Ybbsstraße

Preinsbacher Straße

Raiffeisenpl.

Amstetten

Eggersdorfer Str.

Stadionstraße

Ybbsstraße

Scheid

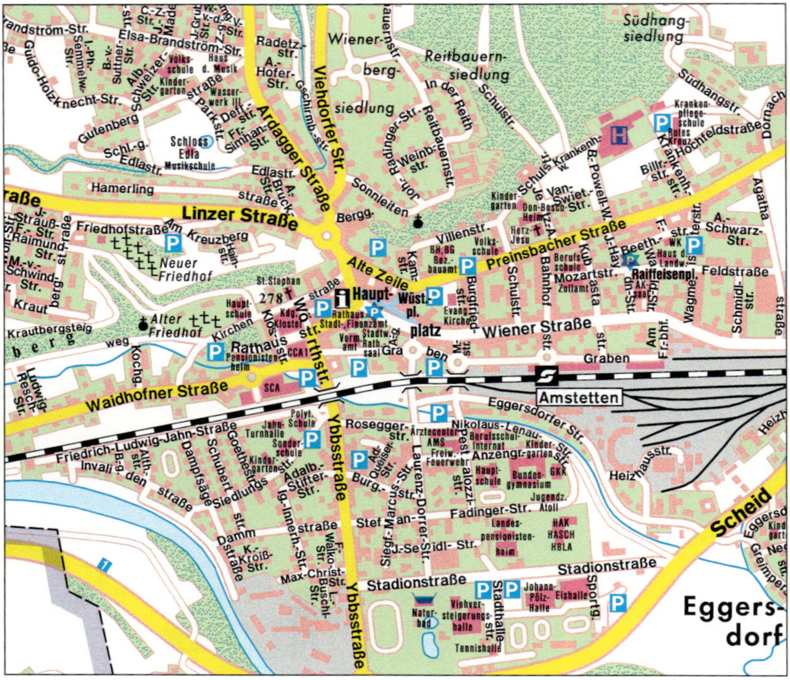

Eggersdorf

Euratsfeld

1 : 20 000

Waidhofen a. d. Y.

zur A 1

zur A 1, Ybbs

Gumpoldskirchen

Baden

Kalvarienberg

Wiener Straße

Pfaffstättner Str.

Dammgasse

Trabrennbahn

Erzherzog-Wilhelm-Ring

Römertherme

Haupt-pl.

Kaiser-Franz-Joseph-Ring

Braitnerstr.

Josefspl.

Baden

Waltersdorfer Str.

Braitnerstr.

Leesdorf Baden

Leesdorf

Waltersdorfer Str.

Alland, A 21

Triestingstr.

Sport u. Veranstaltungshalle

A 2

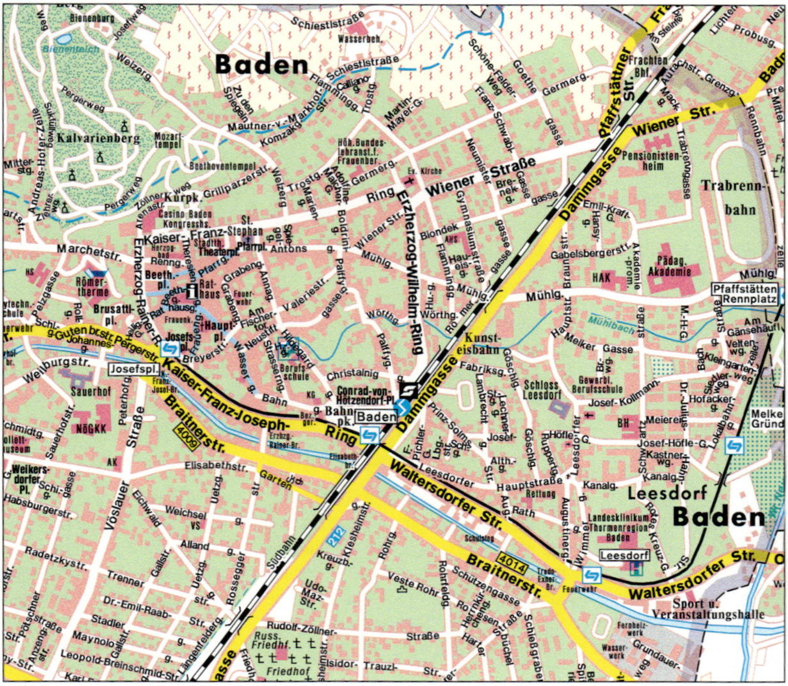

1 : 25 000

Bruck a. d. Leitha G 45

Bruck an der Leitha

1 : 25 000

Gänserndorf E 45

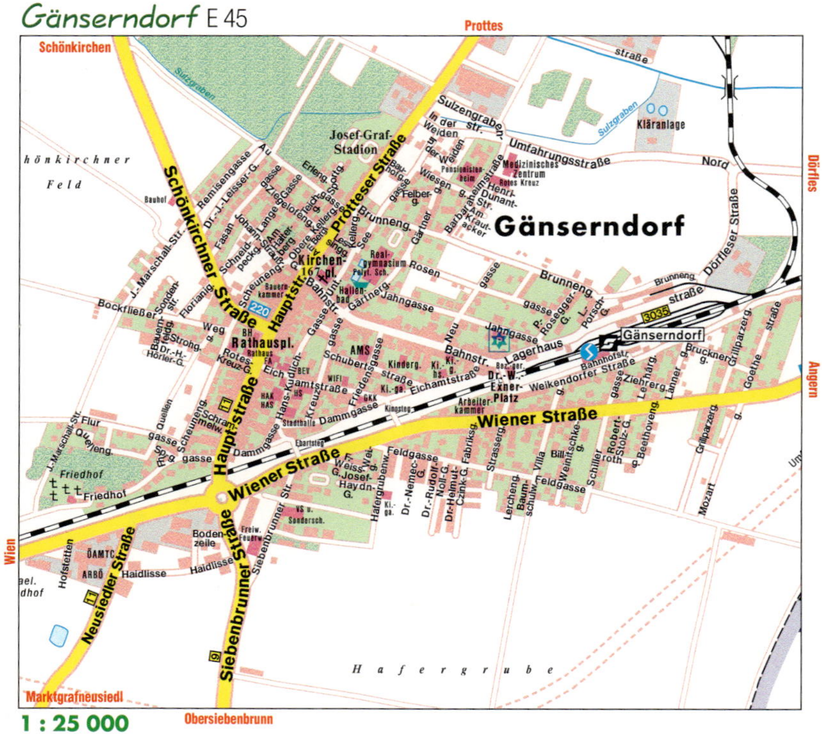

Gänserndorf

1 : 25 000

Gmünd C 34

Litschau

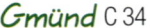

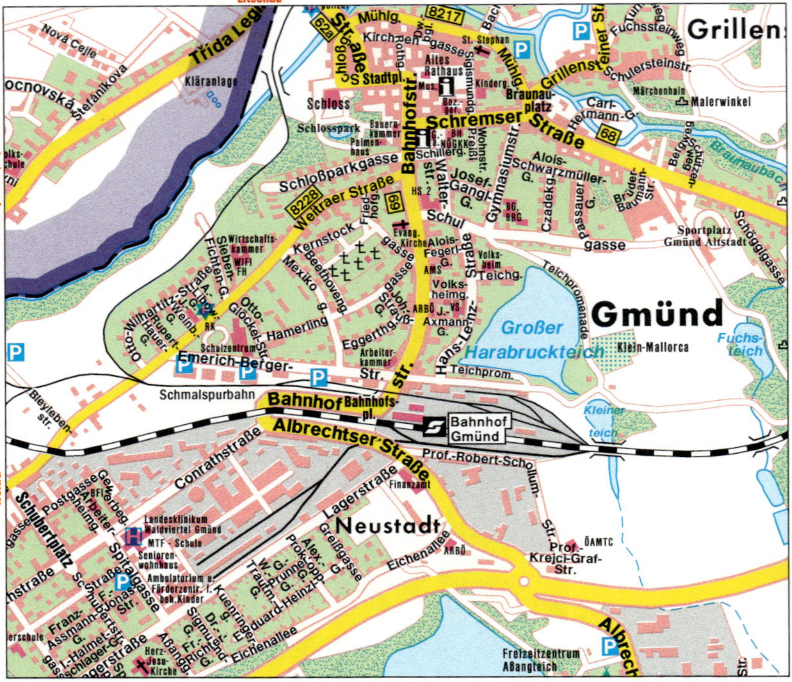

C. Budejovice (CZ) | Schrems | Weitra | Schrems, Horn, Wien

1 : 20 000 Weitra, Freistadt

Hollabrunn O 41

Retz, Znojmo (CZ) Laa a. Thaya

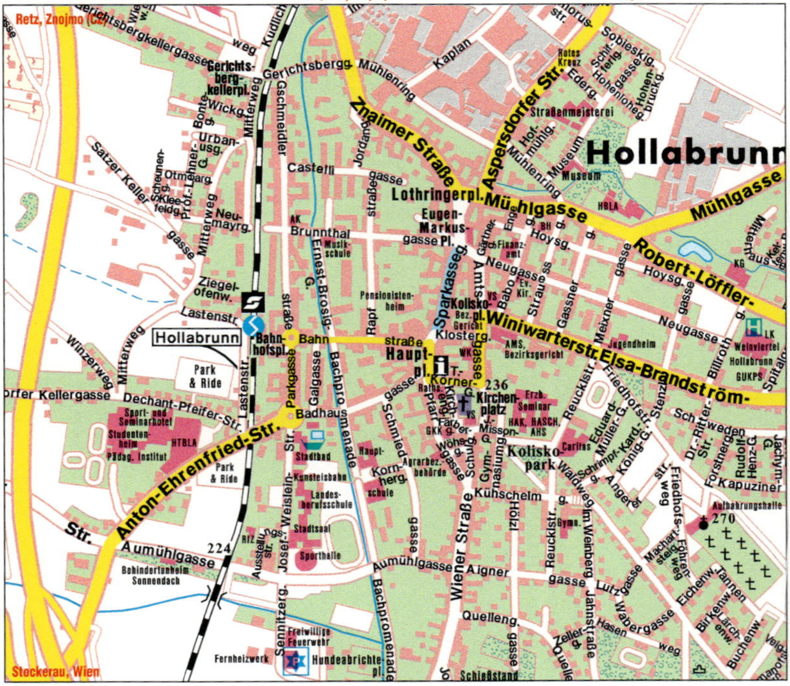

Krems | Mistelbach | Großmugl

1 : 20 000 Stockerau, Wien

Horn C/D 38

Geras Res.

Taffa

Frauenhofer Straße

Horn

Raabser Straße

Frauenhofer Straße

Prager Straße

Gmünd

Steinbruchstraße

Wiener Straße

Breiteneicher Straße

Haugsdorf

straße

Bahn

Horn

R.-Hamerling-Str.

Rathaus platz

Haupt-platz

Kirchen-platz

Schloß-platz

Nürnhof.

Schützen-pl.

Prager Straße

Anna gasse

Schlosspark

Wiener Straße

310

Zwettler Straße

Wien

1 : 20 000

Klosterneuburg F 42

DONAU

Kierling, Gugging

Kierlinger Str.

Stadtplatz

Wiener Str.

Rathaus

Stiftsplatz

Roman-Scholz-Platz

Süppinger Platz

Friedhof

Sudetendtsch. Pl.

Klosterneuburg-Kierling

Freizeitzentrum

Klosterneul Strandbad

Hauptplatz

Sportbad

Strandbad-siedlung

Museum

Leopoldstr.

Wiener Straße

Klosterneuburg-Weidling

Schömer Haus

Klosterneuburg

Weidlinger

336

281

252

243

Klosterneuburger G.

Mittel str.

Weidlingbach

Nußdorf

1 : 25 000

Korneuburg
(168)

Stockerau

Hagenbrunn

Landes-
jugendheim

Blue
Danube
Dock

Europa-
pl.

Donaustr.

Donau-
park

Korneuburg

Dr.-Max-Burckhard-Ring

Wiener

Bisamberger

Straße

Klein Engersdorfer Straße

Korneuburger
Straße

Industriegebiet Bisamberg

Schweden-
platz

Florian-Berndl-
Bad

Unteres
Mohnfeld

Bahn-
hof-
pl.

Haupt-
platz

Stockerauer Straße

Leobendorfer Str.

Laaer Straße

Wien   A22   Langenzersdorf

1 : 25 000

Gföhl, Langenlois

Egelsee

ALAUNTAL

Kuhberg

Wachtberg

Kremser Kreuzbg.

Goldberg

AM
STEINDL

Kremser Hauptstr.

Alaunbach

Krems

Ringstr.

Wiener Straße

WEIN-
ZIERL

Krems Nord

Krems Mitte

MITTERAU

Piaristen-
kirche
St. Veit

Pfarr-
pl.

Dreifalt.-
platz

Bhf.-pl.

Krems

Justiz-
anstalt

ehem.
Minoritenk.

Raths-
pl.

ÖAMTC

Tennis-
club

Bader
Arena-Zentr.

DONAU

Jachthafen

Bundes-
strombauamt

Behördenhafen

Krems Süd

STEIN
A. D. DONAU

Stein-Mautern

Wachau

Melk

Aggsteiner Straße

Sportplatz

Römer-
Stephan-
halle

Mautern
a. d. Donau

Fladnitz

St. Pölten

Tulln, Wien

Furth, Göttweig

Donauradweg

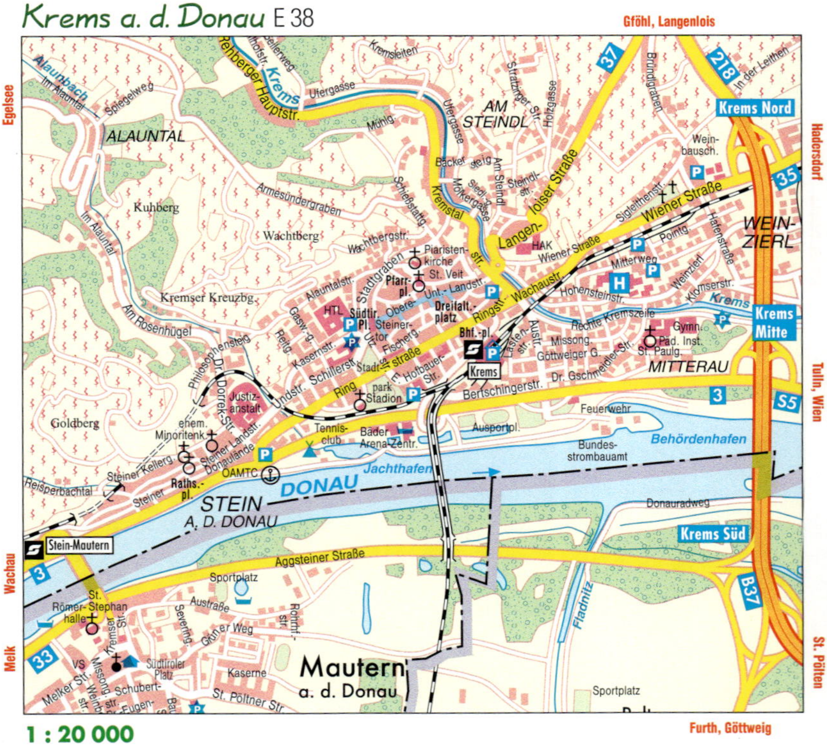

1 : 20 000

Lilienfeld G 38

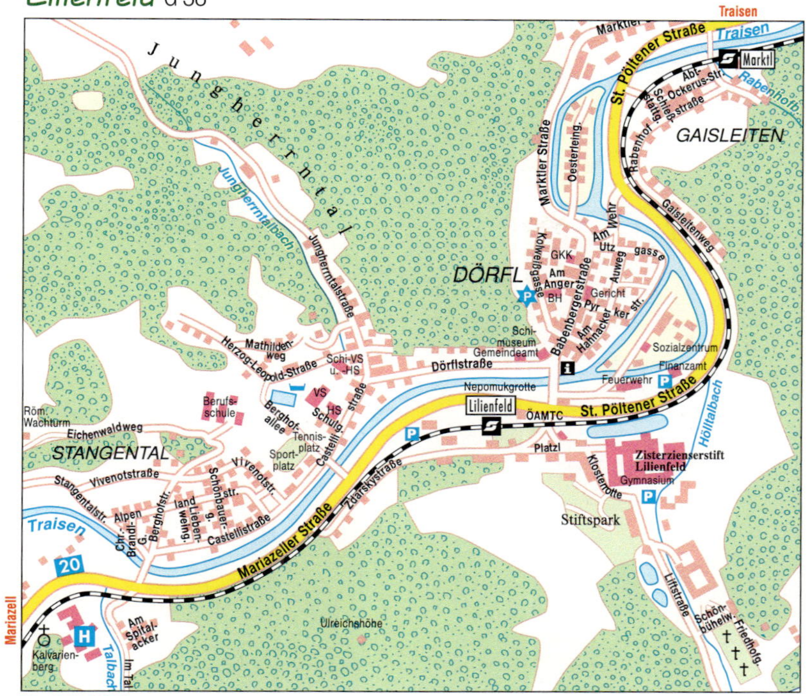

Traisen

Marktlr... Traisen

St. Pöltener Straße

Marktl

Habenhof.

Sch. Ockerus-str.

...straße

GAISLEITEN

Jungherrntal

Abt.

Gaisleitenweg

Jungherrntalbach

Marktler Straße

Oesterling

Am Weh

DÖRFL

Herzog-Leopold-Straße

Mathilden weg

Sch.-VS u. HS

Am Utz...gasse

Am Angerg.

GKK

Pyr... ker

BH

Gericht

Am Hamacker St.

P

Schi-museum
Gemeindeamt

Dörflstraße

Nepomukgrotte

Lilienfeld

ÖAMTC

Sozialzentrum

Finanzamt

Feuerwehr

St. Pöltener Straße

Höllltalbach

Röm.
Wachturm

Eichenwaldweg

STANGENTAL

Berufs-
schule

VS

HS

Schule

Bahnhof-
allee

Tennis-
platz

Castell...

Zdarskystraße

Platzl

Zisterzienserstift
Lilienfeld
Gymnasium

P

Klosterrotte

Stiftspark

Vivenotstraße

Stangental str.

Alpen-...

Schönau...

Castellistraße

Mariazeller Straße

Sport-
platz

Vivenot-str.

...land weg

Berg...str.

...weg

Liftstraße

Traisen

20

Mariazell

Ulreichshöhe

Am
spital-
acker

Schön-
büheweg

Friedhof

Kalvarien-
berg.

H

Talbach

Im Tal

Schön-
bühelweg

1 : 20 000

Melk F 36/37

DONAU

Krems

Pionierstraße

Wachauer Straße

Räcking

38

Redweg

Rollfährstraße

Heirats-
wald

P

Sportpl.

1

Anselm-Schramb-G.

Hobelstraße

Loosdorf, St. Pölten

Räcking

P

Gymnasium

Abt.
Dietmayr-
Str.

P

Bischöfliches
Seminar

Julius-
Herbst-

Joh.-Steinböck-Str.

Kreuzackerstr.

Abt-Maurus-Str.

Herriederstr.

Karl-Schmied-Str.

Spielberger Straße

Admirasstr.

Spielberg

Benediktiner-
stift

Wiener Straße

Kremser Str.

Sterng.

Haupt-str.

Rathaus-
platz

Kirch.pl.

Raths.

HKPK

i

Abt-Stadler-G.

Krankenh.

Haupt...

F.M.-Weg

Wiener

Rosegger-Str.

Weidinger-Str.

Wandlstr.

H

Himmelreichstr.

Waldw.

Schanzstr.

Wiener Straße

Josef-
Str.

Altes
Posthaus

Linzer str.

Abt-Karl-Str.

Stadtgraben

Stadt-
park

Bahnstraße

Babenberger

Pischlstr.

Karl-Straße

AK

Pummel...

D.-Frölich-Str.

VS
HS

Feuerw.

Christ-
kindlw.

Fürnbergstraße

Wachaubad

Eislaufpl.

Tennispl.

Mühlweg

Autobahn-
meisterei

Nibelungenlände

Melk

Stadt-
park

...zelle

Jos.-Büchl-Str.

Sportpl.

Mond-
scheinw.

Abt-Karl-Johann-
Straße

Abt-Amand-Johann-

M.-Koder-W.

M.-Koder-W.

Josef-

Hufnagl-
Weg

Melk

Pöchlarn

Komblichstr.

Kirchen-
J.-G.-str.

Prinztaistraße

Florianstr.

Lagler-
str.

Seeböck-
str.

Abt-Karl-Straße

In der Trieben

Petzstr.

Albrechtsberger-
Str.

Dorfnerstraße

Munggenast-
str.

Lebzelter Breite

Rosenleider Straße

Kirschengraben

38

Kaserne

Schieß-
stattweg

Kupfer-
schmied-
kreuzweg

Biragostraße

Dorfnerstraße

MELK

Amstetten, Linz

A1 E 60

Wien

Schallaburg St. Pölten

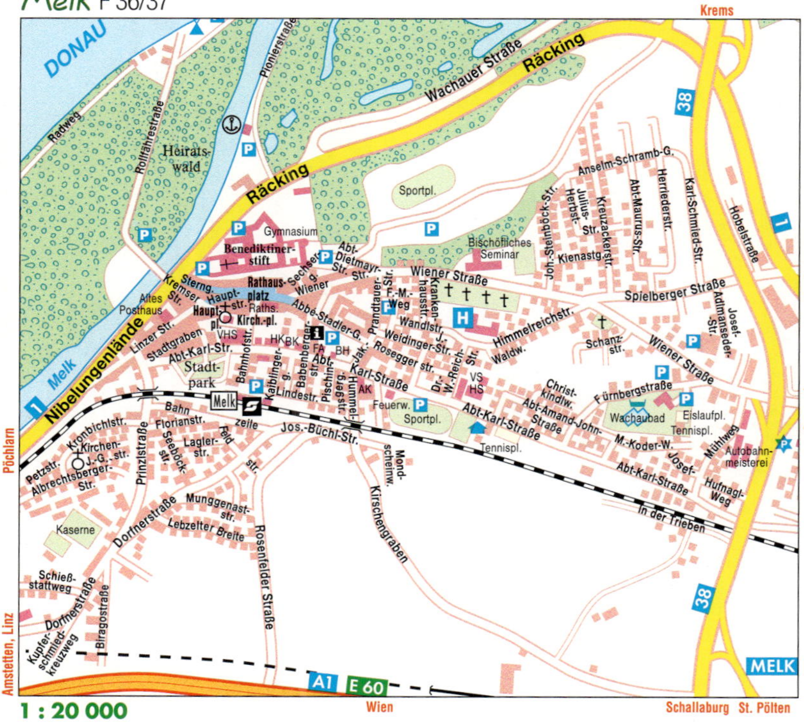

1 : 20 000

Mistelbach

Galge

Sowjetischer Friedhof

Konrad-Lorenz-Platz

Industriepark

Mistelbach Stadt

Bahnstraße

Mistelbach

Josef-Dunkl-

Sportzentrum

Weinlandbad

Naturdenkmal Zayawiesen

1 : 20 000

Aspan a. d. Zaya • Ernstbrunn • Gaweinstal • Wilfersdorf • Ebendorf

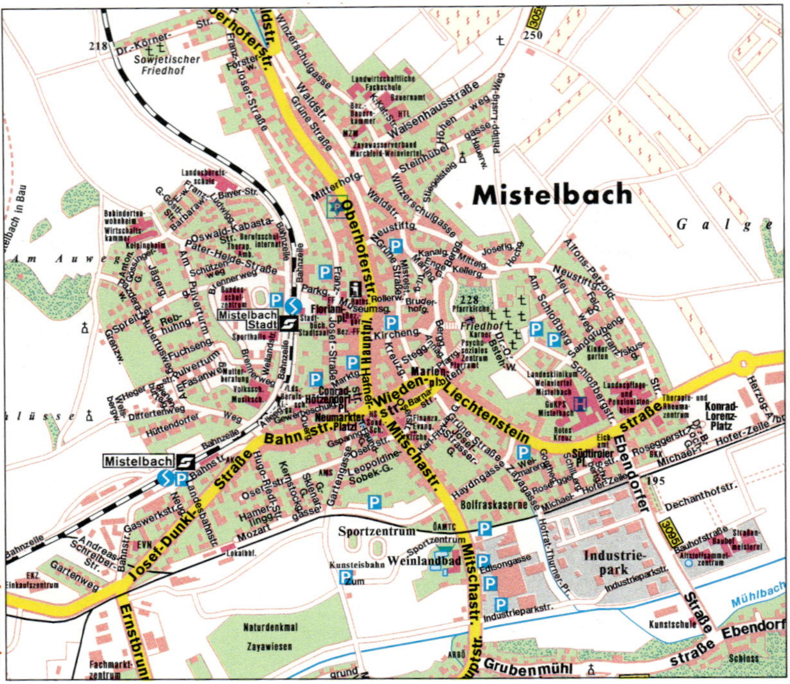

Maria Enzersdorf, Brunn a. Geb. • Südstadt

Südstadt

St. Gabriel

Missions-Ethnograph. Museum

Hohe Wand Straße

Arnold-Schönberg-Park

Freizeitgelände

Steinfeld

Grenzg.

Museumspark Museum

Wiener Str.

Neudorfer Str. Bahn

straße

Mödling

Haupt

Badstraße

Friedrich-Schiller-Str.

Josef-Lowatschek-G.

Südtiroler

Gasse

Griesfeld

Hinterbrühl, Heiligenkreuz • Biedermannsdorf • A 2

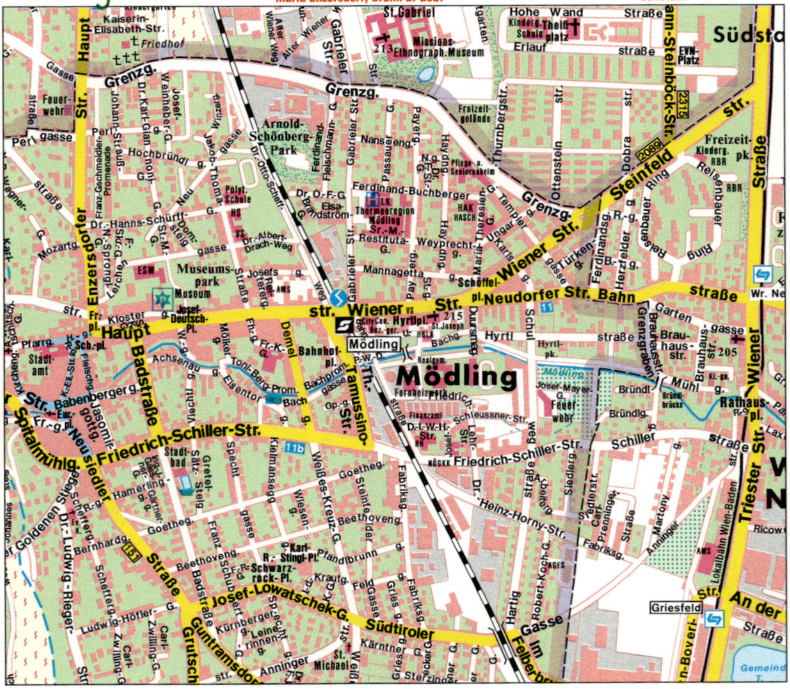

1 : 25 000

Baden, Guntramsdorf • Wiener Neustadt

Neunkirchen J 41

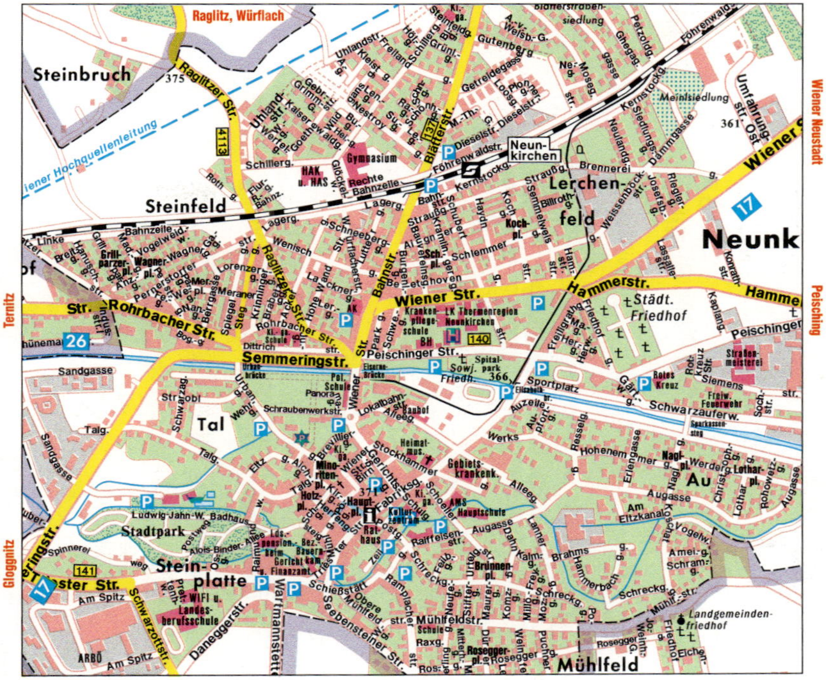

Bad Fischau

Raglitz, Würflach

Steinbruch

Wiener Neustadt

Wiener

Neunkirchen

Lerchenfeld

Neunk

17

Peisching

Hamme

Peisching

Steinfeld

Ternitz

Str. Rohrbacher Str.

Wiener Str.

Hammerstr.

Städt. Friedhof

Semmeringstr.

Peischinger Str.

Spital- Sowj. Friedh.

Gloggnitz

Tal

Stadtpark

Steinplatte

Au

Ludwig-Jahn-W. Badhaus

141

ster Str.

17

Mühlfeld

1 : 25 000   Penk   Wartmannstetten

Scheibbs G 36

Wieselburg, zur A 1

Erlauftalbundesstraße

2. Wiener Hochquellenleitung

Oberndorf a. d. Melk

Sollböckw.

Ginning

St. Georgner Straße

Vogelsang

Kapuzinerplatz

Schacher

Blassensteinweg

Güterw. Lampelsberg

Scheibbs

SCHÖLLGRABEN

Klein-Reith

Grünhof

Goganz

BORG

Reithgraben

Erlauftalbundesstraße

Erlauf

Rudolfshöhe 524

Schießplatz

Bichl

Sportzentrum

Allwetterbad

Sportplatz

Jelinek-Warte

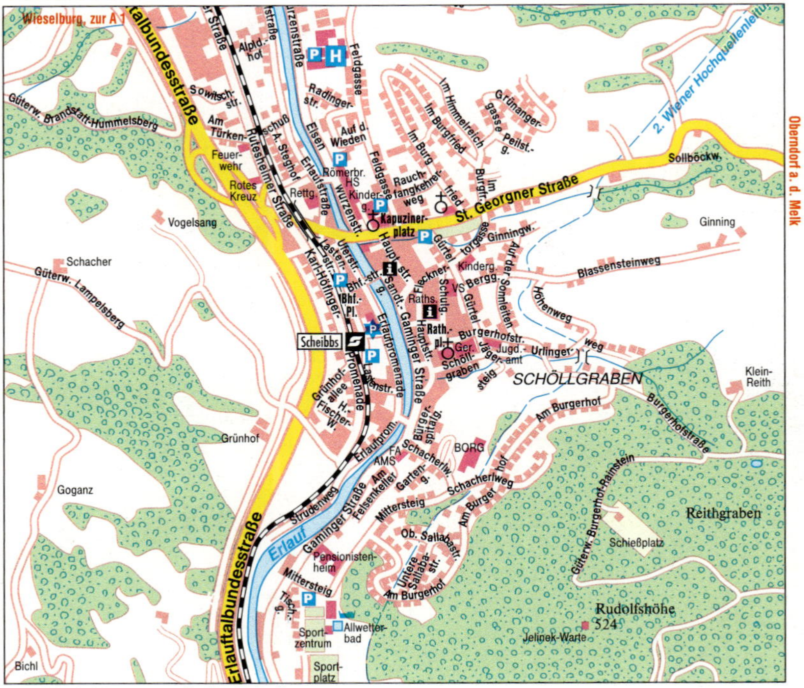

1 : 20 000   Gaming, Mariazell

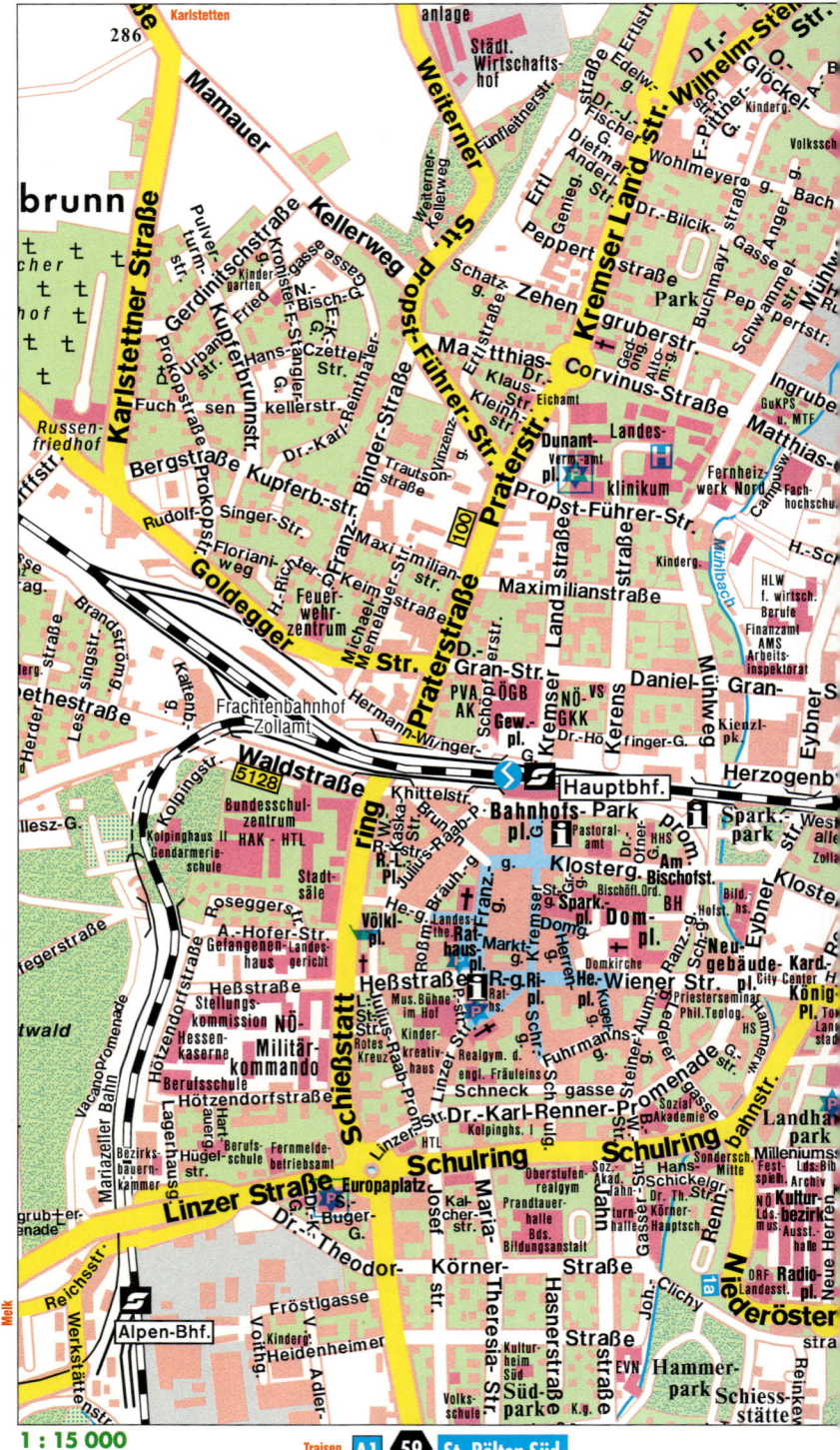

Schärf-Str.
K.-Österr.-G.
Doderer-str.
Kinderg.
H.-V.-G.
Dr.-R.-Kirchschl.-Str. straße
Straße
Dr.-Doch.-G.
Traisenpark
Altstoffsammel-stelle
Dr.-Adolf-Schärf-Straße
5036

Bundes-schülerheim
Eishalle
Tennis-arena
Landes-sportschule
Bimbo-Binder-Promenade

NV-Arena

Liese-Prokop-Allee
A.-Sindl.-Str.
Viktor-Pongratz-Allee
Engelb.-Laimer-Str.
Megaplex
Hube...
S...

Ratzersdorfe...
March...

Herzogenburger
Kläran-lage
Austraße
Seib...
Thomasgasse
Lorenzgasse
VHS
...platz
Studenten-wohnheim
...s-Str.
...urh...
...schule
burg
Amalienberg
Aichberg.-erg.
bergerga.
See...
Ploch.-berg.
Traisenpromenade

Raoul-Aslan-G.
R.-A.-G.
Altmanng.
Raidl-G.
Freud-G.
Semmelweisg.
Dr.-Sauerbruch-Gasse

Anzeng.ruber
Hyrtl-Str.
Eiselsberg-Str.
Koch-Zahmer...
Hubert...str.
Lenau
Lerschstr.
Lißfeld

Kinderg.
H.-Sch.-Pl.
A.-Brenner-Schnoll-Straße
E.-Sueß-Weg
Franz-Kär...

Studenten-wohnheim
A.-Sedlaczek-G.
Sportpl.
Utsch-G.
Nellkeng.
Löschn.-weg
Roseng.
Tulpenw.
Blumenw.
Grün-gürtelw.
Garten-g.
Traisenpromenade
Tragisana

Altmanngasse
Passyg.
Nielg.
Hagenstraße
Ostermann
Speisegasse
Trakl-str.
Linnebohm-str.
Jörgerstraße
Eng...-str.
Liebig-straße
Schindlerstraße
KG
Litschauer-Str.
Krawog.
Oriongasse
R.-Wondracek-Str.
Jungwirth-G.
Dr.-Triebl-G.
Tomas...g...

Westbahn
Kudlich
Park
H.-Palm-Str.
Rosen...
Böschengr.
W.-F...
Wittinger-G.
Str.

Zum Steg
ÖBB

Weyprecht
straße
Im Uni-Brühl
E.-Mach-G.
Wiesner
Lsng.
Oriongasse
Kinderg.-gasse
Kultur-haus
Michael-pl.
Auersperg-str.
Unterwagramer
Kurzg.
Burgenland-straße
Deixg.
Straße

Wasser-g.
Mühlstraße
Mühl-g.
Wagner-J.-G.
Plöcknerg.
Volks- u. Hauptschule
Ackerg.
Hartm.-Str.
Pflege- u. Pensionisten-heim
Ottokar-Kernstock-Str.
Mitterer

NÖ Landes-pensionisten-heim
H.-Gmeiner-str.
Dr.-A.-St.-G.
Hinter-hofer-str.
Oster-maier-str.
Unterwagramer
J.-Steinb.-Str.
Fadinger-str.
Kudlichstraße
August-Novy-Str.
E.-Heidmayer-Str.
Portisch...
Egiseer...
Oberw...

Wiener Str.
...nbrücke
NÖ Land-wirtschafts-kammer
Franz Josef
...ndhaus
ab viertel
...uspl.
...of-R-...Weg
...steg
Hauptstraße
Dr.-Bruno-Kreisky-Str.
Defreggerstraße
Staudratg.
Kastellozagasse
Zw.-J.-Leeb-Str.
Willy-Brandt-...
Purkersdorfer Straße
5101
129
Zwerzbacher-G.
Salzerstraße
Paminger-str.
Aufeld-Kg.-g.
O.-Schadek-Str.
Hubertusstr.
A.-Schw.-G.
Josef-G.
Dr.-O.-Schadek-Str.
Arbeiter
...gasse
Franzl-Str.
F.-Reither-G.
Tornar-Str.
Josef-Bösbauer-Gasse
Listengasse
Untere Bretschneiderg.
Scheicher-g.
Purkersdorfer Straße
Oberv...

W.-v.-Siemens-Str.
...ab-...
...ring
...e
1a
Straße
Untere
Straße

Tulln a. d. Donau F 41

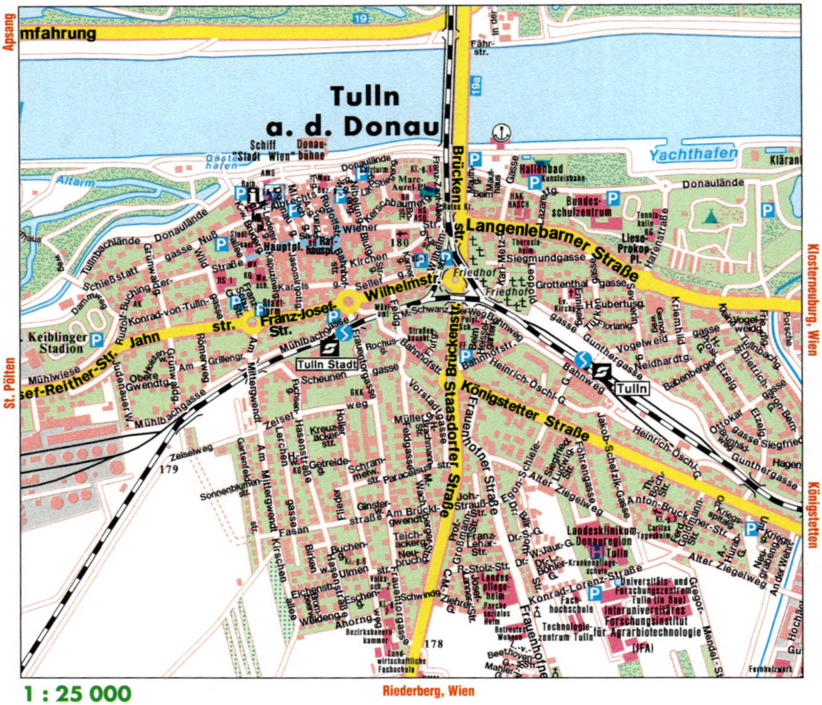
Tulln
a. d. Donau
Apsang
Umfahrung
19
19a
Fährstr.
Schiff "Stadt Wien"
Donaubühne
Gästehafen
Altarm
Yachthafen
Kläranl
Donaulände
Hallenbad
Bundesschulzentrum
Brückenstr.
Langenlebarner Straße
Hauptpl.
Rathauspl.
Wiener Str.
Friedhof
Siegmundgasse
Grottenthalgasse
Hubertusg.
Wilhelmstr.
Franz-Josef-Str.
Jahnstr.
Keiblinger Stadion
Konrad-von-Tulln-G.
Tullnbachlände
Mühlbachgasse
Mühlwiese
Josef-Reither-Str.
Tulln Stadt
Tulln
Königstetter Straße
Bahnhofstr.
Staasdorfer Straße
Frauenhofner Straße
Nibelungengasse
Heinrich-Öschl-G.
Alter Ziegelweg
Landesklinikum Donauregion Tulln
Fachhochschule
Technologiezentrum Tulln
Interuniversitäres Forschungsinstitut für Agrarbiotechnologie (IFA)
Universitäts- und Forschungszentrum Tulln (in Bau)
Landwirtschaftliche Fachschule
Bezirksbauernkammer
Zeiselweg
Sonnenblumenstr.
Mitterweg
Hasenstraße
Fasangasse
Eichenstr.
Paracelsusstr.
Gregor-Mendel-Str.
Fernheizwerk
179
180
178
St. Pölten
Klosterneuburg, Wien
Königstetten
Riederberg, Wien

1 : 25 000

Waidhofen a. d. Ybbs H 33

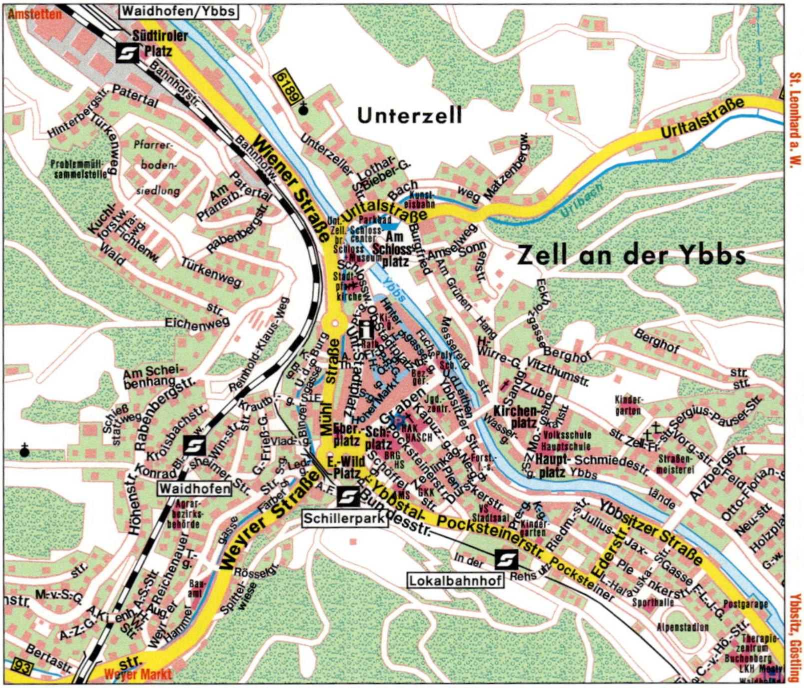
Amstetten
Waidhofen/Ybbs
Südtiroler Platz
Bahnhofstr.
Patertal
Hinterbergstr.
Türkenweg
Pfarrerbodensiedlung
Problemmüllsammelstelle
Wiener Straße
Unterzell
6819
Urltalstraße
Urlbach
Zell an der Ybbs
Ybbs
Schlosscenter
Am Schlossplatz
Stadtpfarrkirche
Eichenweg
Reinhold-Klaus-Weg
Am Scheibenhang
Rabenbergstr.
Kroisbachstr.
Mühlstraße
Unter der Burg
Oberer Stadtplatz
Unterer Stadtplatz
Hoher Markt
Graben
Freisingerberg
Eberplatz
Schöffelplatz
E.-Wild-Platz
Waidhofen
Schillerpark
Weyrer Straße
Ybbstal-Bundesstr.
Pocksteinerstr.
Lokalbahnhof
In der Rehs
Ederstr.
Ybbsitzer Straße
Kirchenplatz
Hauptplatz
Berghof
Vitzthumstr.
Messerweg
Höhenstr.
Rösselg.
Weyer Markt
93
Sporthalle
Alpenstadion
Therapiezentrum Buchenberg
St. Leonhard a. W.
Ybbsitz, Göstling

1 : 20 000

Wiener Neustadt J 42

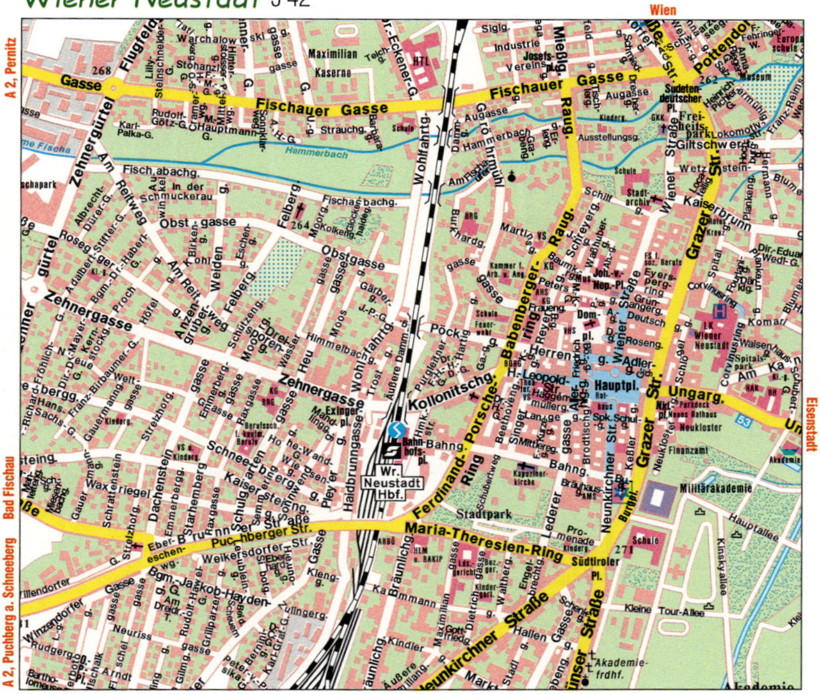

Wien

A 2, Pernitz · Bad Fischau · A 2, Puchberg a. Schneeberg

Fischauer Gasse · Fischauer Gasse

Hammerbach

Zehnergasse · Zehnergasse

Obst gasse · Obstgasse

Porschestr. · Ferdinand-Porsche-Ring · Grazer Str. · Ungarg.

Bahnhof-Bahng. · Wr. Neustadt Hbf.

Kollonitschg.

Hauptpl. · Herren

Maria-Theresien-Ring

Stadtpark · Südtiroler Pl.

Neunkirchner Str. · Wiener Str.

Militärakademie

Pottendorf · Eisenstadt · Ungar.

1 : 25 000

A 2, Neunkirchen · Aspang

Zwettl D 36

Waidhofen a. d. Thaya

Kesselboden · Oberhof · Zwettl Stift

Weitra

Stadtnitzer Straße · Nord · weg

Weitraer Str. · Kesselbodeng.

Bahnhof Zwettl · 8244

Allentsteiger Straße

Böhmerwalder Bundesstr.

Zwettl

Gerungser Straße · Str. Landstraße

Neuer Markt

Dreifalt.-pl. · Hauptplatz · Kirch-g.

Syrnauer Platz

Ottenschläger Straße

Zwettl

Brühl

38 · Groß Gerungs · rams · 606

Kremser Str. · Horn, Krems · 8255

Propstei · Galgenberg

Zwettl-Stadt

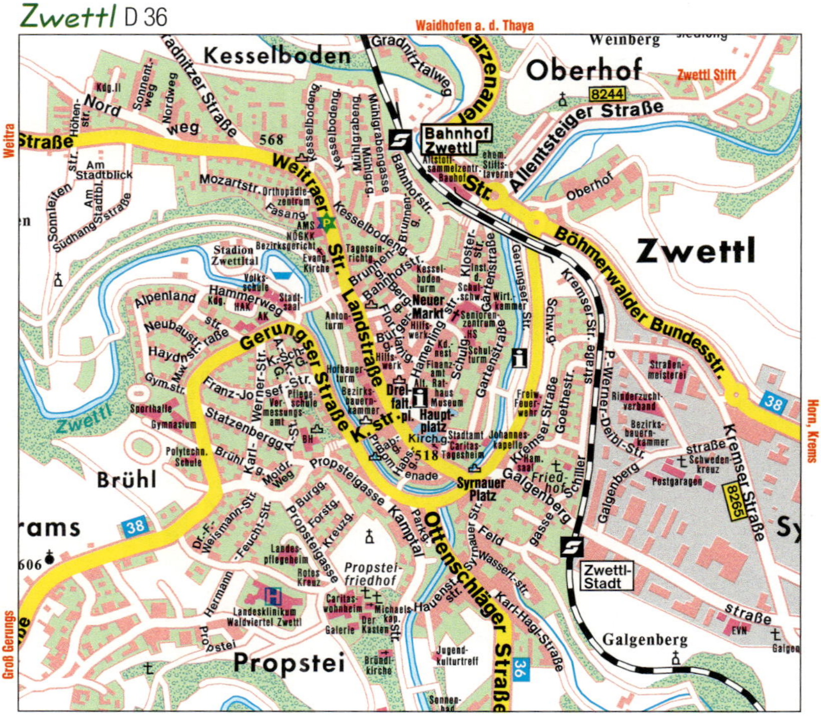

1 : 20 000

Ottenschlag, Melk

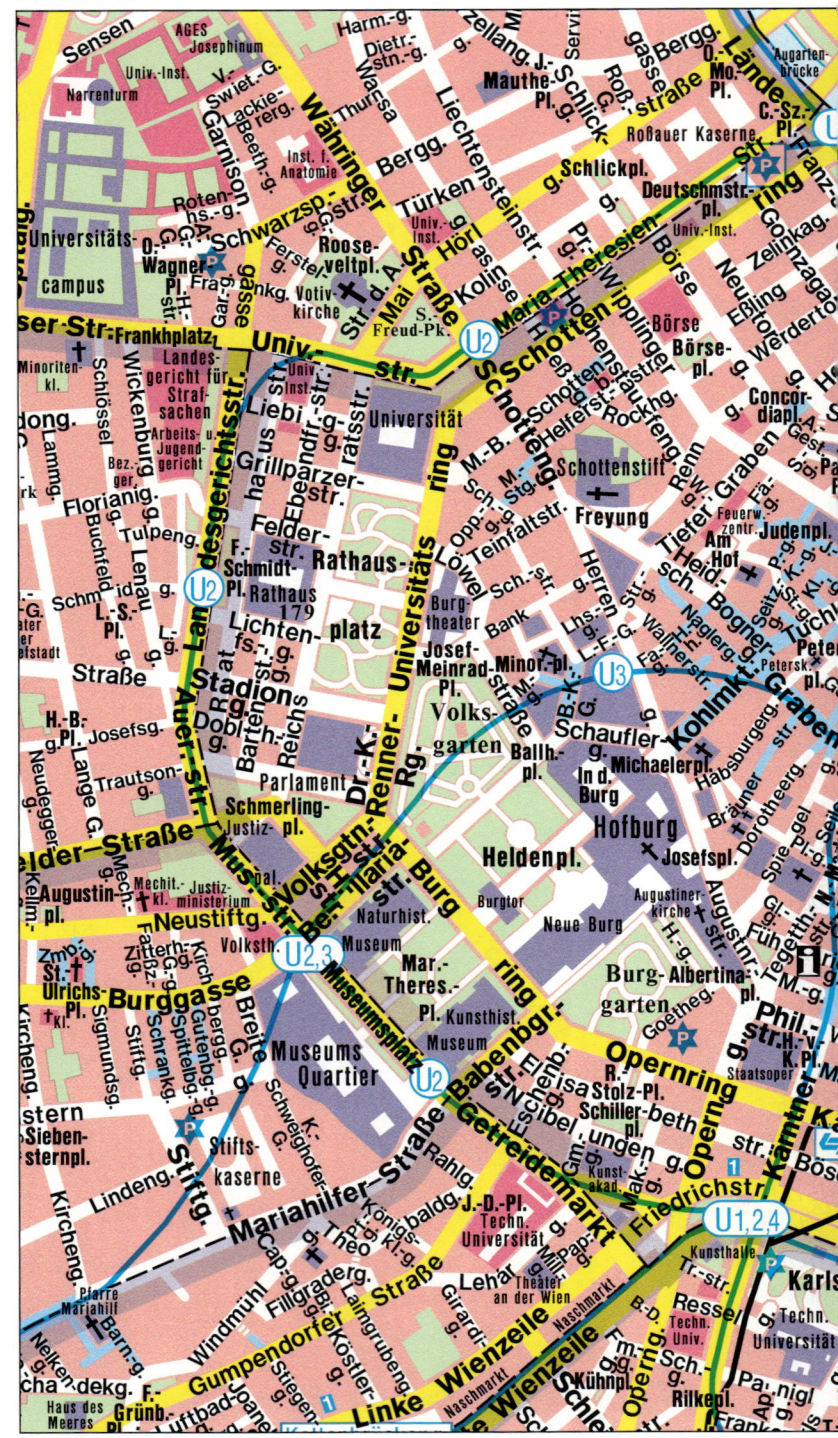

Ortsregister mit Postleitzahlen
Index with postal codes
Index avec codes postaux
Indice con codici postali

A

3361 Abetzberg G 33
3331 Abetzdorf G 33
3462 Absberg E 40
3972 Abschlag D 34
3462 Absdorf/Kirchberg am Wagram
        E 40
3125 –/Statzendorf F 38
3441 Abstetten F 40
4225 Abwinden F 31
4352 Achatzberg F 33
2481 Achau G 43
4381 Achleiten F 34
3143 Adeldorf F 39
2232 Aderklaa F 44
3332 Adersdorf G 33
3454 Adletzberg F 39
2673 Adlitzgraben K 40
8911 Admont K 31
3110 Afing F 38
8623 Aflenz Kurort K 36
3654 Afterbach E 36
2564 Aggsbach/Furth an der
        Triesting H 41
3911 –/Rappottenstein E 35
3641 –Markt F 37
3642 –Dorf F 37
3642 Aggstein F 37
2533 Agsbach G 41
3282 Ahornleiten G 36
3293 Ahorntal H 34
3464 Ahragartensdlg. E 41
3454 Ahrenberg F 39
4211 Aich/Alberndorf in der
        Riedmark E 31
4283 –/Bad Zell E 33
3653 Aichau F 36
4300 Aichet F 32
3202 Aigelsbach G 38
3920 Aigen/Gross Gerungs D 34
4210 –/Gallneukirchen F 31
2560 –/Hernstein H 41
8911 –bei Admont K 31
3814 –bei Raabs F 32
4432 Aigenfließen G 32
4332 Aist F 32
4311 Aisthofen F 32
4311 Aisting F 32
3920 Albern/Gross Gerungs D 34
4310 –/Mauthausen F 32
1110 –/Schwechat G 43
2054 Alberndorf/Haugsdorf C 41
3820 –/Raabs an der Thaya B 37
4211 –in der Riedmark E 31
4303 Albing F 32
3613 Albrechtsberg an der Großen
        Krems E 37
3382 –an der Pielach F 37
2423 Albrechtsmühle G 47
2560 Alkersdorf H 41
2534 Alland G 41
2534 –Heilstätte G 41
3522 Allentsgschwendt E 37

3804 Allentsteig C 36
4322 Allerheiligen im Mühlkreis
        F 32
8643 –im Mürztal L 37
3300 Allersdorf G 34
3003 Allhang F 41
3331 Allhartsberg G 33
3335 Alm J 33
3852 –/Gastern B 36
2802 –/Hochwolkersdorf J 42
2803 –/Schwarzenbach K 43
2802 Almbauer J 42
3051 Almerberg G 40
3040 Almersberg F 40
8794 Almhäuser K 34
3811 Almosen C 37
2880 Alpeltal K 40
8692 Alpl J 38
3151 Alt Hart G 38
3871 –Nagelberg B 34
2164 –Prerau C 43
4231 Altaist F 32
3422 Altenberg E 42
8691 –an der Rax J 38
3591 Altenburg/Horn D 38
3150 –/Wilhelmsburg G 38
4322 –/Windhaag bei Perg F 33
2632 Altendorf K 41
3564 Altenhof/Plank am Kamp
        D 39
3261 –/Steinakirchen am Forst
        G 35
4300 Altenhofen F 32
2154 Altenmarkt C 43
2571 –an der Triesting G 41
8934 –bei Sankt Gallen J 32
2031 –im Thale D 42
3683 –im Yspertal F 35
4432 Altenrath G 32
3292 Altenreith H 35
3474 Altenwörth E 40
2143 Althöflein D 43
3971 Althütten D 33
3033 Altlengbach G 40
2144 Altlichtenwarth D 45
2151 Altmanns/Asparn an der Zaya
        D 43
3860 Altmanns/Heidenreichstein
        B 35
3104 Altmannsdorf G 38
3925 Altmelon E 34
3593 Altpölla D 37
2135 Altruppersdorf C 44
3830 Altwaidhofen C 36
3494 Altweidling E 39
3970 Altweitra C 34
2734 Am Ascher J 40
8622 –Berg/Etmißl K 36
8662 Am Berg/Kindberg K 38
3031 –Hagen F 41
8254 –Rain K 36
3380 –Rechen F 36
3653 –Schuß F 36
3214 –Sulzbichl H 36
2100 –Teiritz E 43
3872 Amaliendorf C 35
8616 Amassegg L 38

3124 Ambach F 38
2141 Ameis C 44
2392 Ameisbühel G 41
3251 Ameishaufen G 36
3701 Ameistal E 41
3713 Amelsdorf D 39
3364 Amesleiten G 34
2813 Amlos K 42
3622 Amstall E 36
3300 Amstetten G 34
2434 An der Weide G 44
3192 Andersbach H 38
2301 Andlersdorf F 44
3972 Angelbach D 33
8244 Anger/Friedberg L 41
3283 –/Sankt Anton an der Jeßnitz
        H 36
3335 –/Weyer Markt H 32
3332 Angerhof G 33
3331 Angerholz G 33
3506 Angern/Krems an der Donau
        E 38
4452 –/Ternberg H 31
2261 –an der March E 45
4483 Angersberg G 31
4232 Anitzberg E 31
3222 Annaberg/Mitterbach am
        Erlaufsee H 37
2811 –/Wiesmath K 42
3222 Annarotte H 37
3911 Annatsberg D 35
3172 Annental H 39
7042 Antau (Otava) J 43
3920 Antenfeinhöfen D 34
3184 Anthofrotte H 37
3240 Anzenbach/Mank G 37
4462 –/Reichraming H 31
3131 Anzenberg/Herzogenburg
        F 39
3393 –/Melk G 36
3382 Anzendorf F 37
3125 Anzenhof F 38
3042 Anzing F 40
        (Äpfelgschwendt) C 37
3925 Arbesbach E 34
2734 Arbestal J 40
2464 Arbesthal G 45
4341 Arbing F 33
3321 Ardagger Markt F 33
3321 Ardagger Stift G 34
3525 Armschlag E 36
8600 Arndorf/Kapfenberg L 36
3650 Arndorf/Pöggstall F 35
3834 Arnolz B 36
3691 Artneramt F 35
3834 Artolz C 36
3661 Artstetten F 36
8692 Arzbach K 38
4462 Arzberg/Reichraming H 31
8253 –/Waldbach L 39
3413 Arzgrub F 42
4407 Asang G 31
7433 Aschau im Burgenland L 42
8634 Aschbach J 37
3361 –Dorf G 33
3361 –Markt G 33
3062 Aschberg/Kirchstetten F 39

3902 Edelprinz C 36
8653 Edelsdorf L 37
8190 Edelsee L 39
3662 Edelsreith F 35
3841 Edengans C 35
3130 Ederding F 39
3261 Edla G 35
8680 Edlach/ Mürzzuschlag K 39
8786 –/Rottenmann K 31
2651 – an der Rax J 39
3665 Edlesberg E 35
8793 Edling L 34
2842 Edlitz/Aspang Markt K 41
3200 –/Ober-Grafendorf G 38
4432 Edt G 31
3500 Egelsee/Krems an der Donau
　　　E 38
3143 Egelsee/Phyra F 39
3042 –/Würmla F 40
3663 Eggathon F 35
2803 Eggenbuch K 43
3730 Eggenburg D 39
3508 Eggendorf/Paudorf E 38
3151 –/Sankt Georgen am Steinfeld
　　　G 38
3454 –/Sitzenberg F 39
2492 –/Zillingdorf H 42
3463 – am Wagram E 41
3712 – am Walde D 39
2031 – im Thale D 42
3861 Eggern B 35
3300 Eggersdorf/Amstetten G 34
3822 –/Karlstein an der Thaya B 37
2126 –/Ladendorf D 43
3842 Eggmanns B 36
3920 Egres D 34
3950 Ehrendorf C 34
3943 Ehrenhöbarten C 35
8240 Ehrenschachen L 41
4252 Eibenberg D 33
2094 Eibenstein B 38
2203 Eibesbrunn E 43
2130 Eibesthal D 44
3592 Eich-Maria D 38
2640 Eichberg/Gloggnitz J 40
3950 –/Gmünd C 34
3385 –/Hafnerbach F 37
8243 –/Rohrbach an der Lafnitz
　　　L 40
2832 –/Thernberg K 42
2801 Eichbüchl J 42
2152 Eichenbrunn D 43
3032 Eichgraben F 40
2225 Eichhorn D 45
　　　(Eichhorns) D 37
8680 Eichhornthal K 38
2384 Eigenheimsiedlung G 42
3130 Einöd/Herzogenburg F 39
8605 –/Kapfenberg L 36
2511 Einöde G 42
7322 Einschicht K 43
3441 Einsiedl F 40
4272 Eipoldschlag E 33
3544 Eisenberg D 37
3572 Eisenbergeramt D 38
8790 Eisenerz K 34
3542 Eisengraben D 37
3543 Eisengraberamt D 37
3300 Eisenreichdornach G 34
3834 Eisenreichs B 35
7000 Eisenstadt H 44
3193 Eisenwerk H 38
3345 Eisenwiesen J 34
3862 Eisgarn B 35
3653 Eitental F 36
3123 Eitzendorf F 38

2013 Eitzersthal E 41
　　　(Eizendorf) F 33
2402 Ellender Hof G 45
3812 Ellends C 37
8654 Elmleiten L 38
3613 Els E 37
3622 Elsarn am Jauerling E 37
3491 – im Straßertal E 39
3443 Elsbach F 41
3623 Elsenreith E 36
2095 Elsern B 38
4291 Elz E 32
2723 Emmerberg J 41
3040 Emmersdorf F 37
3644 – an der Donau F 37
3321 Empfing G 33
4300 Endholz G 32
3631 Endlas E 36
4273 Enebitschlag E 34
3492 Engabrunn E 39
4300 Engelberg F 32
3913 Engelbrechts/Großgöttfritz
　　　D 36
3851 –/Kautzen B 36
2292 Engelhartstetten F 46
3470 Engelmannsbrunn E 40
3332 Engelsberg G 33
3730 Engelsdorf D 39
3922 Engelstein D 34
4209 Engerwitzdorf E 31
4470 Enghagen F 31
3110 Enikelberg F 38
4470 Enns F 31
3376 Ennsbach G 35
4482 Ennsdorf F 31
4294 Ennsedt E 33
4470 Ennshafen F 31
4400 Ennsleite G 31
2640 Enzenreith J 40
2431 Enzersdorf an der Fischa
　　　G 44
2134 – bei Staatz C 44
2032 – im Thale D 42
2202 Enzersfeld im Weinviertel
　　　E 43
2552 Enzesfeld H 42
3613 Eppenberg E 37
3251 Erb/Purgstall an der Erlauf
　　　G 35
8933 Erb/Sankt Gallen K 33
2193 Erdberg D 44
4283 Erdleiten E 32
4113 Erdmannsdorf E 32
2224 Erdpreß E 43
8232 Erdwegen L 40
3522 Erdweis D 37
2483 Erholungszentrum Weigelsdorf
　　　H 43
4300 Erla F 32
3253 Erlauf F 36
3223 Erlaufboden H 36
3261 Ernegg G 35
2134 Ernsdorf bei Staatz D 43
2115 Ernstbrunn D 43
4432 Ernsthofen G 31
3435 Erpersdorf E 40
3355 Ertl H 32
3340 Ertlstraß H 32
3293 Ertltal J 34
3533 Eschabruck D 36
3153 Eschenau/Lilienfeld G 38
3902 –/Vitis C 36
2880 Eselberg/Altendorf K 40
8774 –/Mautern in der Steiermark
　　　L 34
1220 Eßling F 44

7061 Esterhazysche Feriensiedlung
　　　J 44
2443 –Waldrandsiedlung H 44
3925 Etlas/Arbesbach E 34
3920 –/Groß-Gerungs D 34
8622 Etmißl K 36
3492 Etsdorf am Kamp E 39
4391 Ettenberg F 34
3753 Etzelsreith C 38
3920 Etzen/Groß-Gerungs D 35
3244 –/Ruprechtshofen G 36
3141 Etzersdorf F 39
3261 Etzerstetten G 35
3573 Etzmannsdorf am Kamp D 38
3722 – bei Straning D 40
3943 Eugenia C 35
3902 Eulenbach C 35
3324 Euratsfeld G 34
3261 Ewixen G 35

F

3243 Fachelberg G 36
8924 Fachwerk J 34
3364 Fachwinkl G 34
8630 Fadental J 37
3710 Fahndorf D 40
3644 Fahnsdorf F 36
3143 Fahra F 39
2564 Fahrafeld/Pottenstein H 41
3071 –/Sankt Pölten G 39
4582 Fahrenberg J 31
8673 Falkenstein L 39
2612 Falkenstein C 44
3213 Falkensteinrotte H 37
2133 Fallbach D 43
8632 Fallenstein J 37
3251 Feichsen G 35
2763 Feichtenbach H 41
3231 Feilendorf E 38
3592 Feinfeld C 38
8775 Feistereralm L 33
3653 Feistritz/Raxendorf F 36
8192 –/Strallegg L 39
2873 – am Wechsel K 41
8665 Feistritzberg K 38
8674 Feistritzwald K 40
3312 Feitzing G 33
3261 Felberach G 35
2640 Felberhof J 40
3643 Felbring/Maria Laach am
　　　Jauerling E 37
2723 –/Muthmannsdorf H 41
7421 Feldbauern L 41
2603 Felixdorf H 42
3321 Felleismühl F 34
3623 Felles E 36
3521 Felling/Gföhl E 37
2092 –/Riegersburg B 39
3021 Fellinggraben G 41
3481 Fels am Wagram E 39
　　　(Felsenberg) D 37
4490 Fernbach F 31
3324 Ferndorf G 34
3564 Fernitz D 39
3325 Ferschnitz G 34
8251 Festenburg L 40
3483 Feuersbrunn E 39
3925 Fichtenbach E 34
3633 Fichtenhöfen E 35
3653 Filsendorf F 36
8674 Filzmoos L 39
3361 Fimbach G 33
3074 Finsteregg G 39
3873 Finsternau B 35
4483 Firsching G 31
2401 Fischamend Dorf G 44

3630 Hechtensee J 36
3331 Heide G 33
3251 Heidegrund G 35
3860 Heidenreichstein B 35
2751 Heidmühle H 42
3653 Heiligenblut F 36
3452 Heiligeneich F 40
3454 Heiligenkreuz/Herzogenburg F 39
2532 –/Wienerwald G 41
2842 Heilstätte Grimmenstein K 41
3012 Heimbautal F 41
3350 Heimberg G 32
3920 Heinreichs/Groß-Gerungs D 34
3902 –/Vitis C 35
3962 – bei Weitra C 34
(Heinreichs) D 37
4310 Heinrichsbrunn F 32
3742 Heinrichsdorf C 39
2095 Heinrichsreith B 38
3463 Heinzl H 32
3121 Heitzing F 38
3623 Heitzles E 36
7323 Helenenschacht K 43
2115 Helfens D 43
2232 Helmahof F 44
3376 Hengstberg F 34
4284 Hennberg F 32
4372 Henndorf E 34
2332 Hennersdorf G 43
3443 Henzing F 41
3293 Herdengl H 34
3304 Hermannsdorf G 34
2560 Hernstein H 41
3654 Hernalm L 38
2171 Herrnbaumgarten C 45
2126 Herrnleis D 43
2002 Herzogbirbaum D 42
3130 Herzogenburg F 39
4300 Herzograd G 32
4284 Herzogreith E 32
3122 Hessendorf/Dunkelsteinerwald F 38
2091 –/Langau C 39
2732 Hettmannsdorf J 41
3385 Hetzersdorf F 38
2041 Hetzmannsdorf/Hollabrunn D 41
2112 –/Korneuburg E 43
3524 Heubach E 36
3600 Heuberg/Bruck an der Mur L 36
3143 –/Pyhra G 39
3270 –/Scheibbs G 35
4407 –/Steyr G 31
2083 Heufurth C 39
2661 Heufuß J 39
3170 Heugraben G 39
3311 Hickersberg G 33
3920 Hieflau K 33
3366 Hiesbach G 34
4470 Hiesendorf F 31
3133 Hilpersdorf E 39
2640 Hilzmannsdorf K 40
3122 Himberg/Dunkelsteinerwald F 37
3611 –/Krems E 37
2325 –/Schwechat G 43
2640 Himberger Haus K 41
2630 Hintenburg J 41
Hinter–
3300 –berg/Amstetten G 34
3071 – –/Böheimkirchen F 39
4284 – –/Pregarten E 32

Hinter–
3354 –berg/Sankt Peter in der Au G 33
3242 – –/Texing G 36
8621 – –/Thörl K 36
4273 –berg/Unterweißenbach E 33
2371 –brühl G 42
3180 –eben H 38
3062 –holz/Kirchstetten F 39
4310 – –/Mauthausen F 32
3144 –/Pyhra G 38
3242 –holz/Texing G 36
4282 –hütten E 33
8190 –leiten/Birkfeld L 39
3032 –/Eichgraben G 40
2873 – –/Feistritz am Wechsel K 41
3381 –/Golling an der Erlauf F 36
3263 – –/Randegg G 34
8684 – –/Spital am Semmering K 39
2661 –naßwald J 38
2881 –otter K 40
8924 –wildalpen K 34
3632 Hintere Waldhäuser E 35
3413 Hinterdorf F 42
4463 Hinterstein H 32
4460 Hinsteingraben H 31
3462 Hippersdorf E 40
2114 Hipples D 43
7024 Hirm J 43
3942 Hirschbach/Gmünd C 35
2662 –/Schwarzau im Gebirge J 39
3001 Hirschengarten F 41
3922 Hirschenhof D 34
3863 Hirschenschlag B 35
2384 Hirschentanz G 42
3970 Hirschenwies C 33
1220 Hirschstetten F 43
2651 Hirschwang an der Rax J 39
2552 Hirtenberg H 42
3508 Höbenbach E 38
3003 Höbersbach F 41
2191 Höbersbrunn D 44
2011 Höbersdorf E 42
2193 Höbersdorf D 44
Hoch–
7423 –art L 41
3344 –au J 34
3003 –buch F 41
2840 –egg/Grimmenstein K 41
2803 – –/Hochwolkersdorf K 43
3051 –eichberg F 40
3073 –gschaid G 40
3263 –koglberg G 34
2852 –neukirchen L 42
3193 –reit/Rohr im Gebirge H 38
3345 – –/Göstling an der Ybbs J 34
8283 – –/Sankt Anton an der Jeßnitz H 36
3251 –rieß G 35
2384 –roterd G 41
7442 –straß/Lockenhaus L 43
3033 –/Pressbaum G 40
2803 –wolkersdorf K 42
3034 Hof/Neulengbach F 40
3354 –/Wolfsbach G 32
2451 Hof am Leithaberge H 44
3192 Hofamt H 38
3681 Hofamt-Priel F 35
3621 Hofarnsdorf E 37
3354 Höfart G 33
4443 Hofberg H 32
2081 Hofern C 40
2870 Hoffeld K 41
3251 Höfl G 35

2732 Höflein G 45
3421 – an der Donau E 42
2732 – an der Hohen Wand J 41
4282 Höfnerberg E 33
2571 Höfnergraben G 40
3291 Hofrotte/Gaming H 35
3212 –/Schwarzenbach an der Pielach H 37
3213 Hofstadtgegend H 37
2842 Hofstatt/Grimmenstein K 41
7361 –/Lutzmannsburg L 44
3500 –/Senftenberg E 38
3034 – am Anzbach F 40
8250 Hofstätten L 40
3202 Hofstetten/Grünau G 38
4343 –/Mitterkirchen F 33
3123 –/Obritzberg F 38
3393 –/Zelking G 36
Hohen–
3843 –au B 36
8241 – –am Wechsel L 41
2273 – –an der March D 46
3192 –berg H 38
3945 –eich C 35
3343 –lehen H 34
4443 –reith H 32
2223 –ruppersdorf E 44
4284 –steg F 32
3521 –stein E 37
8785 –tauern L 31
3822 –warth/Karlstein an der Thaya B 37
3472 – –/Ravelsbach D 39
3962 Höhenberg C 34
3911 Höhendorf D 35
8632 Höll K 36
2873 Hollabrunn/Feistritz am Wechsel K 41
2020 –/Weinviertel D 41
3830 Hollenbach C 37
3506 Hollenburg E 39
3932 Hollenstein/Kirchberg am Walde C 35
3283 –/Sankt Anton an der Jeßnitz H 36
3710 –/Ziersdorf D 40
3343 – an der Ybbs J 33
2812 Hollenthon K 42
8784 Hölleralm L 31
2802 Hollerberg J 42
8653 Hollersbach L 37
2751 Hölles H 42
3293 Holzapfel H 35
8924 Holzäpfelthal J 35
8250 Holzbauern L 40
8934 Holzgraben J 32
3294 Holzhüttenboden J 35
3252 Holzing G 35
3350 Holzleiten/Haag G 32
4331 –/Naarn im Machlande F 32
3042 –/Würmla F 40
3351 Holzschachen G 32
2565 Holzschlag/Alland G 41
7435 –/Bernstein L 42
8682 Hönigsberg K 38
8924 Hopfgarten J 34
2130 Hörersdorf D 44
3508 Hörfarth E 38
3243 Hörgerstall G 36
3240 Hörgstberg G 37
7312 Horitschon K 44
3910 Hörmanns C 36
3874 – bei Litschau B 35
3961 – bei Weitra C 34
3580 Horn D 38
4371 Hornberg F 34

2812 Horndorf K 42
2114 Hornsburg E 43
7053 Hornstein (Vorištan) H 43
2733 Hornungstal J 40
3240 Hörsdorf G 36
4343 Hörstorf F 33
3911 Hörweix D 35
4280 Hörzenschlag E 34
3383 Hösing G 37
3323 Hößgang F 34
2870 Hottmannsgraben K 41
3753 Hötzelsdorf C 39
3392 Hub F 37
3341 Hubberg H 34
3372 Hubertendorf G 35
8621 Hubostinggraben K 35
3632 Hummelberg E 35
4293 Hundsdorf E 32
3512 Hundsheim E 38
3383 Hürm G 37
3452 Hütteldorf/Atzenbrugg
        F 40
1140 –/Wien F 42
3032 Hutten F 40
2840 Hütten K 41
2130 Hüttendorf D 44
        (Hütting) F 33
3920 Hypolz D 34

I

3544 Idolsberg D 37
3313 Igelschwang G 33
3874 Illmanns B 35
3851 Illmau B 36
7142 Illmitz J 45
8254 Im Graben L 39
8653 –Hochegg L 38
8700 –Tal L 35
3541 Imbach E 38
2022 Immendorf D 41
3852 Immenschlag B 36
3443 In der Au F 41
3443 – –Bonna F 41
4331 In der Haid F 33
8691 – –Naß J 38
8190 – –Teitz L 38
3701 Inkersdorf E 40
        Inner–
2870 –aigen K 41
3192 –fahrafeld H 38
3052 –furth G 40
3171 –halbach H 39
3052 –manzing G 40
2870 –neuwald K 40
8621 –zwain K 35
8766 Innerer Sonnberg K 31
8674 Inneres Kaltenegg K 39
4323 Innernstein F 33
3383 Inning F 37
3040 Inprugg F 40
2823 Inzenhof J 42
1230 Inzersdorf G 43
3131 – ob der Traisen F 39
4481 Ipfdorf F 31
3011 Irenental F 41
3754 Irnfritz C 38
3754 –Bahnhof C 38

J

3923 Jagenbach D 35
3910 Jahrings D 35
2651 Jaidhof D 37
7302 Jakobshof K 44
3763 Japons C 38
3830 Jarolden B 36
3653 Jasenegg F 36

8643 Jasnitz/Allerheiligen im Mürztal
        L 37
3830 –/Waidhofen an der Thaya
        C 36
8643 Jasnitztal L 37
8770 Jassing K 35
8920 Jassingau K 33
3902 Jaudling C 36
8623 Jauring K 36
2264 Jedenspeigen E 46
3522 Jeitendorf D 38
3484 Jettsdorf E 39
2053 Jetzelsdorf C 41
3042 Jetzing F 40
3902 Jetzles C 36
3223 Joachimsberg H 36
3972 Joachimstal D 33
3610 Joching E 37
3041 Johannesberg F 40
2094 Johannesthal C 38
8912 Johnsbach K 32
7093 Jois H 45
7431 Jormannsdorf L 42
3224 Josefsberg H 36
3920 Josefsdorf D 35
3224 Josefsrotte H 36
3874 Josefsthal B 35
3441 Judenau F 41
8700 Judendorf/Leoben L 35
4493 –/Steyr G 31
3180 Jungherrntal G 38
3631 Jungschlag E 36

K

1220 Kagran F 43
1190 Kahlenbergerdorf F 43
3761 Kaidling C 38
4343 Kaindlau F 33
3454 Kaindorf E 40
4274 Kaining E 33
3874 Kainraths/Litschau B 35
3830 –/Waidhofen a der Thaya
        C 36
3921 Kainrathschlag D 34
3752 Kainreith C 39
2651 Kaiserbrunn J 39
1110 Kaiserebersdorf G 43
1220 Kaisermühlen F 43
7342 Kaisersdorf (Kalištrof) K 43
2462 Kaisersteinbruch H 45
3240 Kälberhart G 37
8663 Kalch K 38
3623 Kalkgrub E 37
7332 Kalkgruben K 43
1230 Kalksburg G 42
3324 Kalkstechen G 34
2116 Kalkwerk D 43
2042 Kalladorf D 41
3331 Kalsing G 33
3353 Kaltaigen G 33
8600 Kaltbach L 36
8694 Kaltenbach/Mürzsteg J 37
3632 –/Traunstein E 35
3902 –Kaltenbach/Vitis C 36
2813 Kaltenberg/Grimmenstein
        K 42
2761 –/Miesenbach J 40
4273 Kaltenberg/Unterweißenbach
        E 33
3912 Kaltenbrunn D 36
7434 Kalteneck L 42
8463 Kaltenegg L 39
2391 Kaltenleutgeben G 42
3352 Kaltenmarkt G 32
8775 Kalwang L 33
3571 Kamegg D 38

2842 Kamerallen K 41
3914 Kamles D 36
3683 Kammerbach F 35
3202 Kammerhof G 38
3550 Kammern G 39
8773 – im Liesingtal L 34
2033 Kammersdorf D 42
3485 Kamp/Langenlois E 39
3925 –/Zwettl D 34
2871 Kampichl K 41
3282 Kandelsberg G 36
4432 Kanning G 32
8691 Kapellen K 38
3683 Kapelleramt F 35
2201 Kapellerfeld F 43
3141 Kapelln F 39
8605 Kapfenberg L 36
7372 Karl K 43
8692 Karlgraben J 38
3376 Karlsbach G 35
2431 Karlsdorf/Enzersdorf an der
        Fischa G 44
2052 –/Pernersdorf C 41
2081 Karlslust C 40
3822 Karlstein an der Thaya B 37
3121 Karlstetten F 38
3973 Karlstift D 33
2113 Karnabrunn E 43
8244 Karnegg L 41
8252 Karnerviertel L 40
3213 Karrotte H 36
3921 Kasbach D 34
3170 Kasberg G 39
3293 Kasten H 35
3072 – bei Böheimkirchen G 39
4280 Kastendorf E 33
4223 Katsdorf F 31
3730 Kattau C 39
2276 Katzelsdorf/Bernhardsthal
        C 45
3434 –/Tulbing F 41
2801 –/Wiener Neustadt J 42
3141 Katzenberg F 39
3804 Kaufholz C 37
2572 Kaumberg G 40
2134 Kautendorf C 43
3851 Kautzen B 36
4292 Kefermarkt E 32
3921 Kehrbach/Langschlag D 34
3662 –/Münchreith am Ostrong
        F 35
8911 Kematen K 31
3331 – an der Ybbs G 33
4323 Kemet F 33
3373 Kemmelbach G 35
3371 Keppelberg G 35
8691 Kerngraben J 38
3195 Kernhof J 38
3161 Kerschenbach G 39
3264 Kerschenberg G 35
3233 Kettenreith G 37
2192 Kettlasbrunn D 44
2170 Ketzelsdorf D 44
3874 Kibitzhäuser B 35
3710 Kiblitz D 40
3122 Kicking F 37
4252 Kienau D 34
3291 Kienberg/Gaming H 35
3594 Kienberg/Pölla D 37
2565 –/Pottenstein H 41
2813 Kienegg K 41
3400 Kierling F 42
3233 Kilb G 37
3241 Kimming G 36
8650 Kindberg K 37
8650 Kindbergdörfl L 37

3843 Merkengersch B 36	4323 Mollnegg F 33	3100 Nadelbach/Sankt Pölten F 38
3631 Merkengerst E 36	2620 Mollram J 41	4272 –/Weitersfelden E 33
2115 Merkersdorf/Ernstbrunn D 42	2851 Möltern L 42	2493 Nadelburg H 42
2082 –/Hardegg C 40	2880 Molz K 40	2113 Naglern E 43
3911 Merzenstein D 35	2880 Molzegg K 40	2023 Nappersdorf D 42
3761 Messern C 38	4281 Mönchdorf E 33	3292 Naschenberg H 35
(Mestreichs) D 37	4281 Mönchwald E 33	3244 Naspern G 36
4342 Mettensdorf F 33	4252 Monegg D 33	2661 Naßwald J 39
2833 Michelbach K 42	2872 Mönichkirchen K 41	2620 Natschbach J 41
3074 – Dorf G 39	8252 Mönichwald L 40	7304 Nebersdorf (Šuševo) K 44
3074 – Markt G 39	3524 Moniholz D 36	3261 Nebetenberg G 34
3451 Michelhausen F 40	3970 Moorbad Harbach C 33	7311 Neckenmarkt K 44
3452 Michelndorf F 40	4470 Moos F 31	3110 Neidling F 38
2151 Michelstetten D 43	3184 Moosbach H 38	3122 Nesselstauden F 37
2761 Miesenbach/Pernitz H 40	3452 Moosbierbaum F 40	3295 Nestelberg H 36
3270 –/Scheibbs H 36	2440 Moosbrunn G 43	2722 Netting J 41
8190 – bei Birkfeld L 39	8934 Mooshöhe J 32	Neu–
2833 Miesleiten K 42	8632 Mooshuben J 37	1110 –Albern F 43
3720 Minichhofen D 40	8921 Mooslandl K 33	2353 –Guntramsdorf G 42
3751 Missingdorf C 39	7072 Mörbisch am See J 44	3151 –Hart G 42
3922 Mistelbach/Großschönau	3653 Mörenz F 36	3871 –Nagelberg C 34
C 34	3542 Moritzreith D 37	2301 –Oberhausen F 44
2130 –/Weinviertel D 44	8793 Mörtendorf L 35	2435 –Pischelsdorf G 44
4284 Mistlberg E 32	3580 Mörtersdorf D 39	2440 –Reisenberg G 43
3550 Mittelberg E 38	8272 Moschendorf L 34	3823 –Riegers B 37
3542 Mittelbergeramt D 38	4431 Mosing G 31	4362 Neuaigen/Bad Kreuzen
Mitter–	3820 Mostbach C 37	F 33
3621 –arnsdorf E 37	4273 Mötlas E 33	3430 –/Tulln G 41
3292 –au/Gaming H 35	3860 Motten B 35	8786 Neualm L 31
3385 – –/Prinzersdorf F 37	3532 Mottingeramt D 37	3382 Neubach F 37
8616 – bach/Gasen L 38	3650 Muckendorf E 36	2125 Neubau/Ladendorf E 44
8691 – –/Kapellen J 39	3426 – an der Donau E 41	3592 –/Röhrenbach C 38
3193 – –/Sankt Aegyd am Neuwalde	2673 Muggendorf H 40	8692 Neuberg an der Mürz K 38
H 38	8911 Mühlau K 31	3232 Neubing G 37
3224 –am Erlaufsee J 36	3972 Mühlbach/Bad Großpertholz	3381 Neuda F 36
8665 –berg/Langenwang K 38	D 34	3471 Neudegg E 40
3262 – –/Wang G 35	3920 –/Groß Gerungs D 34	4363 Neudorf/Pabneukirchen E 34
8662 –dorf im Mürztal K 38	4451 –/Steyr H 31	3335 –/Weyer H 33
4362 –dörfl F 33	3473 – am Manhartsberg D 39	7341 – bei Landsee K 43
2812 –eck K 42	4451 Mühlbachgraben H 31	2135 – bei Staatz C 43
2872 –egg K 41	2124 Mühlberg C 45	8692 Neudörfl/Neuberg an der Mürz
3072 –feld G 39	3622 Mühldorf E 37	J 38
2020 –grabern D 41	3335 Mühlein H 33	7201 –/Wiener Neustadt J 42
3361 –hausleiten G 33	3580 Mühlfeld D 38	2491 Neue Siedlung/Neufeld an der
2164 –hof C 43	3151 Mühlgang G 38	Leitha H 43
4343 –kirchen im Machland F 33	3242 Mühlgraben G 36	2201 Neues Wirtshaus E 43
3042 –moos F 40	3200 Mühlhofen G 38	1220 Neueßling F 44
2870 –neuwald K 40	3250 Mühling G 35	2491 Neufeld an der Leitha H 43
4363 –Pabneukirchen F 33	2301 Mühlleiten F 44	2170 Neugebäude D 45
7350 –pullendorf L 44	4432 Mühlrading G 31	3376 Neuhaus/Amstetten G 34
3383 –radl G 37	7223 Mühlviertel K 43	2565 –/Pottenstein H 41
3533 –reith D 36	7052 Müllendorf H 43	3294 –/Zeller Rain J 36
2070 –retzbach C 40	2482 Münchendorf G 43	3925 Neuhof/Arbesbach E 34
3921 –schlag H 36	3822 Münchreith an der Thaya	2325 –/Himberg G 43
3470 –stockstall E 40	B 37	4331 –/Naarn im Machlande F 32
3664 Mitterndorf/Martinsberg E 35	3240 Münichhofen G 37	3631 –/Ottenschlag E 36
3664 –/Martinsberg F 40	4400 Münichholz G 31	2284 –/Untersiebenbrunn F 45
3691 –/Nöchling F 34	3623 Münichreith E 36	2412 –/Wolfsthal G 47
3133 –/Traismauer E 39	3662 –am Ostrong F 35	3382 Neuhofen F 37
2441 – an der Fischa H 43	2122 Münichsthal E 43	3364 – an der Ybbs G 34
3644 Mödelsdorf F 36	8790 Münichtal K 34	3650 Neukirchen am Ostrong
8642 Mödersdorf L 37	3921 Münzbach/Langschlag D 34	F 35
2340 Mödling G 42	4323 –/Perg F 33	3595 – an der Wild C 38
3900 Modlisch C 36	3633 Münzenberg E 35	3040 Neulengbach F 40
3580 Mödring C 38	3650 Mürfelndorf F 36	3371 Neumarkt an der Ybbs G 35
8785 Mödringhütte L 32	3142 Murstetten F 39	4212 – im Mühlkreis E 31
3820 Modsiedl B 38	8644 Mürzhofen L 37	2491 Neumeierhof H 43
3910 Moidrams D 35	8693 Mürzsteg J 37	3925 Neumelon E 34
3580 Mold D 39	8680 Mürzzuschlag K 39	2440 Neumitterndorf G 43
2831 Molfritz K 41	2723 Muthmannsdorf H 41	4273 Neumühl/Unterweißenbach
3562 Mollands D 39		E 33
3653 Mollenburg F 36	**N**	3250 –/Wieselburg an der Erlauf
3653 Mollendorf F 36	4332 Naarn im Machlande F 32	G 35
3430 Mollersdorf F 40	3323 Nabegg F 34	3464 Neumühle/Hausleiten E 41
2514 Möllersdorf G 42	4464 Nach der Enns J 32	2810 Neumühle/Wiesmath K 42
2111 Mollmannsdorf E 43	3683 Nächst Altenmarkt F 35	

3243 Schönbuch G 36
3392 Schönbühel an der Donau F 37
4252 Schöneben/Liebenau D 33
8680 –/Mürzzuschlag K 39
3925 Schönfeld/Arbesbach E 34
3061 –/Neulengbach F 40
3844 –/Waldkirchen an der Thaya B 37
3811 – an der Wild C 37
2291 – im Marchfeld F 45
2020 Schöngrabern D 41
8254 Schöngrund L 39
7423 Schönherrn L 41
2241 Schönkirchen E 45
8600 Schörgendorf/Kapfenberg L 36
4222 –/Sankt Georgen an der Gusen F 31
2641 Schottwien K 40
3180 Schrambach H 38
2442 Schranawand H 43
2733 Schrattenbach J 40
2172 Schrattenberg C 45
3390 Schrattenbruck F 37
2073 Schrattenthal C 40
7423 Schreibersdorf L 41
7212 Schreinermühle J 43
3943 Schrems C 35
2191 Schrick D 44
8911 Schröckendorf K 31
3922 Schroffen D 34
3211 Schroffengegend H 37
2564 Schromenau H 40
3843 Schuppertholz B 37
7081 Schützen am Gebirge H 44
3233 Schützen G 37
3970 Schützenberg C 34
7423 Schwaben L 41
3100 Schwadorf F 38
2432 Schwadorf G 44
3351 Schwaig G 32
8240 Schwaighof/Friedberg L 41
3242 –/Texing G 36
8911 –/Weng bei Admont K 32
3620 Schwallenbach E 37
3925 Schwarzau/Arbesbach E 34
3661 –/Artstetten F 36
3971 –/Moorbad Harbach C 33
2625 – am Steinfeld J 42
2662 – im Gebirge J 39
3900 Schwarzenau C 36
3342 Schwarzenbach/Opponitz H 34
3931 –/Schweiggers D 35
8784 Schwarzenbach/Trieben L 31
2803 –/Wiesmath K 43
3161 – an der Gölsen G 38
3212 – an der Pielach H 37
3212 Schwarzenbachgegend H 37
2811 Schwarzenberg/Wiesmath K 42
3341 –/Ybbsitz H 34
3211 Schwarzengrabengegend H 37
2734 Schwarzengründe J 40
2565 Schwarzensee G 41
3341 Schwarzois H 34
2320 Schwechat G 43
3931 Schweiggers C 35
4210 Schweinbach E 31
3313 Schweinberg G 33
3763 Schweinburg C 38
3123 Schweinern F 38
3243 Schweining G 36
7371 Schwendgraben L 43

3204 Schwerbachgegend G 37
4311 Schwertberg F 32
8665 Schwöbing K 38
8775 Sebastianiberg L 33
8790 Seeau K 34
3521 Seeb E 37
8624 Seebach K 36
2111 Seebarn E 43
3484 Seebarn am Wagram E 39
3383 Seeben F 37
2824 Seebenstein J 41
8636 Seebergalm K 36
3762 Seebs C 37
3542 Seefeld C 42
8700 Seegraben L 35
7082 Seehof/Donnerskirchen H 44
3293 –/Lunz am See H 35
3293 Seereith H 35
3224 Seerotte/Mitterbach am Erlaufsee J 36
3212 –/Schwarzenbach an der Pielach H 37
2491 Seesiedlung H 43
8790 Seestraße K 34
8636 Seewiesen K 36
3324 Seibetsberg G 34
3243 Seimetzbach G 37
3322 Seisenegg G 34
3353 Seitenstetten G 32
3353 –Dorf H 32
3653 Seiterndorf F 36
3464 Seitzersdorf-Wolfpassing E 41
8773 Seiz L 34
3911 Selbitz D 35
4775 Selker E 32
2680 Semmering Kurort K 40
3541 Senftenberg E 38
3541 Senftenbergeramt E 38
3325 Senftenegg G 34
2011 Senning E 42
3860 Seyfrieds B 35
2201 Seyring F 43
3062 Sichelbach F 39
2544 Siebenhaus H 42
3071 Siebenhirten/Böheimkirchen F 39
2130 –/Mistelbach D 44
1230 –/Wien G 42
3921 Siebenhöf D 33
3931 Siebenlinden C 35
4483 Sieding/Hargelsberg G 31
2631 –/Ternitz J 40
2752 Siedlung Feuerwerksanstalt H 42
2601 – Maria Theresia H 42
4291 Siegelsdorf E 32
7011 Siegendorf (Cindrof) J 44
2500 Siegenfeld G 42
3041 Siegersdorf/Asperhofen F 40
2486 –/Pottendorf H 43
7223 Sieggraben L 41
3443 Sieghartskirchen F 41
3812 Sieghartsles C 37
3753 Sieghartsreith C 38
2011 Sierndorf E 42
2264 – an der March D 46
2734 Sierning J 40
1190 Sievering F 42
7032 Sigleß J 43
3751 Sigmundsherberg C 39
4273 Silberberg E 33
2231 Silberwald F 45
1110 Simmering F 43
2115 Simonsfeld D 43
3313 Sindelburg G 33

3623 Singenreith E 36
2661 Singerin J 39
8786 Singsdorf K 31
7423 Sinnersdorf L 41
3485 Sittendorf/Langenlois E 39
2393 –/Wienerwald G 41
3454 Sitzenberg F 39
3761 Sitzendorf C 38
3714 – an der Schmida D 40
3714 Sitzenhart D 40
3382 Sitzenthal F 37
3920 Sitzmanns D 34
3204 Soisgegend H 37
2601 Sollenau H 42
3251 Sölling G 35
(Söllitz) D 36
8643 Sölsnitz L 37
8670 Sommer K 38
2453 Sommerein H 44
8254 Sommersgut L 39
2842 Sonnberg/Edlitz K 42
8782 –/Gaishorn am See L 32
2020 Sonnberg/Hollabrunn D 41
8775 –/Kalwang L 33
4461 –/Laussa H 31
8653 –/Stanz im Mürztal L 38
8612 –/Tragöß-Oberort K 35
3730 Sonndorf D 39
8616 Sonnleitberg L 38
2734 Sonnleiten/Puchberg am Schneeberg J 40
2640 –/Raach am Hochgebirge K 40
8614 –/Sankt Jakob L 37
3073 –/Stössing G 39
3153 Sonnleitgraben G 38
3332 Sonntagberg H 33
2504 Sooß/Baden H 42
3382 –/Hürm F 37
2244 Spannberg E 45
2393 Sparbach/Hinterbrühl G 42
3902 –/Vitis C 36
8243 Sparberegg L 41
4210 Spattendorf E 31
3820 Speisendorf B 37
3532 Sperkenthal D 37
2811 Sperkerriegel K 42
3390 Spielberg/Melk F 37
3632 –/Bad Traunstein E 35
3295 Spielbichler H 36
3525 Spielleithen E 36
2104 Spillern E 42
3451 Spital/Michelhausen F 40
3970 –/Weitra C 34
8684 Spital am Semmering K 39
3620 Spitz E 37
8932 Spitzenbach J 32
2812 Spratzeck K 42
3100 Spratzern G 38
8661 Spregnitzgraben K 37
3910 Sprögnitz D 36
3430 Staasdorf F 41
2134 Staatz C 43
1220 Stadlau F 43
4407 Stadlkirchen G 31
2811 Stadtweg K 42
4331 Staffling F 32
3385 Stainingsdorf F 38
3072 Stallbach G 39
3571 Stallegg D 38
1210 Stammersdorf F 43
2755 Stampftal H 41
4223 Standorf F 31
2860 Stang K 42
2392 Stangau G 41
3180 Stangental G 38

3134 Theyern E 39
2842 Thomasberg/Edlitz K 41
3343 –/Hollenstein an der Ybbs
        J 34
2860 Thomasdorf K 42
2115 Thomasl D 43
4364 Thomasreith F 33
8621 Thörl K 36
3261 Thorwarting G 35
3822 Thuma B 37
3664 Thumling E 35
3571 Thunau am Kamp D 38
3822 Thures B 37
3262 Thurhofwang G 35
2640 Thürmannsdorf K 40
3544 Thurnberg D 37
3314 Thürnbuch G 32
3562 Thürneustift D 38
4300 Thurnsdorf F 31
3481 Thürnthal E 40
3352 Tiefenbach/Ertl H 32
3851 –/Kautzen B 36
3543 –/Krumau am Kamp D 37
2851 –/Krumbach K 42
3970 –/Weitra E 34
3508 Tiefenfucha E 38
3192 Tiefental H 38
3701 Tiefenthal E 41
3213 Tiefgrabenrotte G 37
4490 Tillysburg F 31
8772 Timmersdorf L 34
8692 Tirol J 38
3364 Toberstetten G 34
4320 Tobra F 33
3232 Tonach G 37
3653 Tottendorf F 36
3062 Totzenbach F 39
3754 Trabenreith C 38
2095 Trabersdorf B 38
8772 Traboch L 34
3203 Tradigist G 37
3203 Tradigistdorf G 37
3204 Tradigistgegend G 37
8612 Tragöß-Oberort K 35
4284 Tragwein F 32
8792 Traidersberg L 35
3160 Traisen G 38
3160 – Siedlung G 38
3184 Traisenbachrotte H 37
2514 Traiskirchen G 42
3133 Traismauer E 39
3622 Trandorf E 36
3452 Trasdorf F 40
8653 Traßnitz L 37
2880 Tratten K 40
2881 Trattenbach K 40
2662 Trauch H 38
2123 Traunfeld E 44
7061 Trausdorf an der Wulka
        (Trajštof) J 44
7061 Trausdorfer Meierhof J 44
3364 Trautmannsberg G 34
2093 Trautmannsdorf C 39
2454 – an der Leitha G 44
8911 Treffner K 31
8793 Treffning L 35
8782 Treglwang L 32
3652 Trennegg F 36
2111 Tresdorf E 43
2512 Tribuswinkel G 42
8784 Trieben L 31
8785 Triebental L 32
4432 Trienting G 32
3852 Triglas B 36
3814 Tröbings C 38
8793 Trofaiach L 35

8790 Trofeng K 34
3650 Troibetsberg E 36
4212 Trosselsdorf E 31
3223 Trübenbach H 36
3430 Trübensee E 41
3325 Truckenstetten G 35
2521 Trumau H 43
7332 Tschurndorf K 43
3434 Tulbing F 41
3001 Tulbinger Kogel F 41
3430 Tulln F 41
3013 Tullnerbach-Lawies F 41
8625 Turnau K 37
3874 Türnau B 35
3184 Türnitz H 37
8623 Tutschach K 36

U

8600 Übelstein L 36
3213 Übergangrotte H 36
4360 Ufer/Grein F 34
4310 –/Mauthausen F 31
3932 Ullrichs C 35
3363 Ulmerfeld G 33
3195 Ulreichsberg H 37
3970 Ulrichs C 34
3665 Ulrichschlag/Gutenbrunn
        E 35
3633 –/Schönbach E 35
3830 Ulrichschlag/Waidhofen an der
        Thaya C 36
8614 Ulrichsgraben L 37
2122 Ulrichskirchen E 43
3382 Umbach/Dunkelsteinerwald
        F 37
3233 –/Kilb G 37
3040 Umsee F 40
2860 Ungerbach L 42
2761 Ungerberg H 40
2133 Ungerndorf C 43
3193 Unrechttraisen H 38
3970 Unserfrau C 34
4460 Unter dem Schieferstein H 31
Unter–
3872 –aalfang C 35
3425 –aigen F 41
8653 –alm L 38
3264 –amt H 35
3512 –bergern E 38
3661 –bierbaum F 36
2833 –bromberg K 42
3970 –brühl C 34
4451 –dambach H 31
2620 –danegg J 41
8673 –dissau L 39
2860 –dorf L 42
4362 –dörfl F 33
3721 –dürnbach D 40
2812 –eck K 42
4363 –eisendorf F 34
3672 –erla F 35
7321 –frauenhaid K 43
4231 –gaisbach F 32
3071 –grafendorf F 39
2013 –grub E 42
8911 –hall K 31
3454 –hameten F 39
7434 –hasel L 42
4484 –haus/Kronstorf G 31
2851 – –/Krumbach K 42
2011 –hautzental E 41
2732 –höflein J 41
3364 –hömbach G 34
4352 –hörnbach F 33
3413 –kirchbach F 42
7435 –kohlstätten L 42

Unter–
1100 –laa G 43
8934 –laussa/Altenmarkt bei Sankt
        Gallen J 32
4461 – –/Laussa H 31
3962 –lembach C 34
8661 –lichtenegg K 37
3601 –loiben E 38
7444 –loisdorf L 44
2011 –mallebarn E 42
3121 –mamau F 38
2061 –markersdorf C 41
3001 –mauerbach F 42
3521 – Meisling E 37
3123 –merking F 38
2084 –mixnitz C 40
8773 –mochl L 34
3042 –moos F 40
3034 –Oberndorf F 40
2123 –olberndorf E 43
2011 –parschenbrunn E 41
3823 – Pertholz B 37
7312 –petersdorf K 44
2094 – Pfaffendorf B 38
7452 –pullendorf (Dolnja Pulja)
        L 44
3910 –rabenthan D 35
7371 –rabnitz L 43
3231 –radl G 37
3105 –radlberg F 39
3314 –ramsau G 33
3820 –reith D 38
2074 –retzbach C 40
3170 –ried G 39
3163 –rohrbach/Hainfeld G 39
2105 – –/Leobendorf E 42
3924 –rosenauerwald D 35
4372 – Sankt Georgen E 34
4364 – Sankt Thomas F 33
2153 –schoderlee D 42
2284 –siebenbrunn F 45
3383 –Siegendorf G 37
8784 –sonnberg K 31
4484 –stallbach G 31
2154 –stinkenbrunn C 43
3465 –stockstall E 40
8611 –tal L 36
3571 –tautendorferamt D 38
3672 –thalheim F 36
3701 –thern D 41
3763 –thumeritz C 38
3051 –thurm G 42
2095 –thürnau B 38
3383 –Thurnhofen G 37
3071 –tiefenbach F 39
2572 –triesting G 40
3011 –tullnerbach F 41
3100 –wagram F 38
4400 –wald/Sankt Ulrich bei Steyr
        G 31
8781 – –/Wald am Schoberpaß
        L 33
2442 –waltersdorf H 43
4273 –weißenbach E 33
4210 –weitersdorf E 31
3130 –winden F 39
3931 –windhag D 35
3124 –wölbling F 38
3061 –wolfsbach F 40
3340 –zell H 33
2000 –zögerndorf E 42
3100 – Zwischenbrunn F 39
8624 Untere Au K 36
8923 – Palfau J 33
8792 Unterer Tollinggraben L 35

A
9423 Ágfalva   J 44

B
9494 Balf   K 45
9408 Brennbergbánya   K 43
9737 Bük   L 45

C
9725 Cák   L 44
9735 Csepreg   L 45

E
9473 Egyházasfalu   L 45

F
9493 Fertőboz   K 45
9491 Fertőhomok (U)   K 45
9421 Fertőrákos   J 44

G
9408 Görbehalomtelep   J 44
9474 Gyalóka   L 45

H
9400 Harka   K 44
9491 Hidegség   K 45
9733 Horvátzsidány   L 44

K
9473 Keresztény   L 45
9735 Kincsedpuszta   L 45
9485 Kiscenk   K 45
9733 Kiszsidány   L 44
9495 Kópháza   K 44
9730 Kőszeg   L 44
9725 Kőszegdoroszló   L 44
9730 Kőszegfalva   L 44
9725 Kőszegszerdahely   L 44

M
9736 Meggyespsz.   L 45

N
9485 Nagycenk   K 45
9482 Nagylózs   K 45
9739 Nemescsó   L 44

O
9733 Ólmod   L 44

P
9734 Peresznye   L 44
9484 Pereszteg   K 45
9481 Pinnye   K 45
9421 Piuszpuszta   J 44

R
9475 Répcevis   L 45

S
9400 Sopron   J 44
9463 Sopronhorpács   L 45
9407 Sopronkőhida   J 44
9483 Sopronkövesd   K 45
9400 Sopronpuszta   J 44
9474 Szakony   L 45

T
9407 Tómalom   J 44
9735 Tormásliget   L 45
9738 Tömörd   L 45

U
9464 Und   L 45

V
9726 Velem   L 43
9462 Völcsej   L 45

Z
9476 Zsira   L 45

A
908 75 Adamov   C 47

B
900 31 Boleška   F 47
900 32 Borinka   F 47
908 79 Borský Svätý Jur   D 47
908 85 Brodské   C 47

C
908 71 Ciglad   D 46
908 48 Cunín   C 47

Č
908 43 Čáry   D 47

D
841 06 Devín   F 46
841 07 Devínska Nová Ves   F 46
841 07 Devínske Jazero   F 46
908 72 Dlhé Lúky   D 46
900 66 Dúbrava   E 46
840 00 Dubravka   F 47

F
908 05 Farské   C 47

G
900 61 Gajary   E 46
908 45 Gbely   C 47

H
908 72 Hušky   D 47

J
900 54 Jablonové   E 47

900 63 Jakubov   E 46
908 75 Juríkovci   D 47

K
900 68 Kamenný Mlyn   E 47
840 00 Karlova Ves   G 47
900 64 Karolov dvor   E 46
908 48 Kopčany   C 47
900 62 Kostolište   E 46
908 78 Kuklov   D 47
908 01 Kúty   D 47

L
900 67 Láb   E 46
840 00 Lamač   F 47
908 79 Lásek   D 47
900 55 Lozorno   F 47

M
901 01 Malacky   E 47
908 74 Malé Leváre   E 46
900 33 Mariánka   F 47
908 71 Moravský Svätý Ján   D 46

N
900 66 Nandin dvor   F 46
908 72 Nivky   D 47
900 53 Nový Dvor   E 47

O
910 01 Oľša   E 46
900 67 Ortov Mlyn   E 46

P
900 31 Piesky   F 46
900 68 Plavecký Štvrtok   E 46
908 72 Priečné   D 47

S
908 80 Sekule   D 46

908 42 Smolinské   C 47
908 75 Sojákovci   D 47
908 41 Straže nad Myjavou   D 47
908 75 Studienka   D 47
900 31 Stupava   F 47
900 67 Suchohrad   E 46

Š
908 41 Šaštín-Straže   D 47
908 76 Šišulakovci   D 47

T
908 75 Tančibokovci   D 47
908 79 Tomky   D 47
908 75 Tŕnie   D 47

V
901 01 Valchovňa   E 47
908 73 Veľké Leváre   D 47
830 00 Vinohrady   G 47
901 01 Vinohrádok   E 46
900 66 Vysoká pri Morave   F 46

Z
900 51 Zohor   F 46
841 06 Záhorská Bystrica   F 47
900 65 Záhorská Ves   E 46
908 72 Závod   D 47

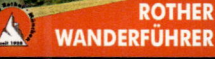

Top 10 Tips

Basse Autriche
Austria inferiore
Baja Austria

1:150 000

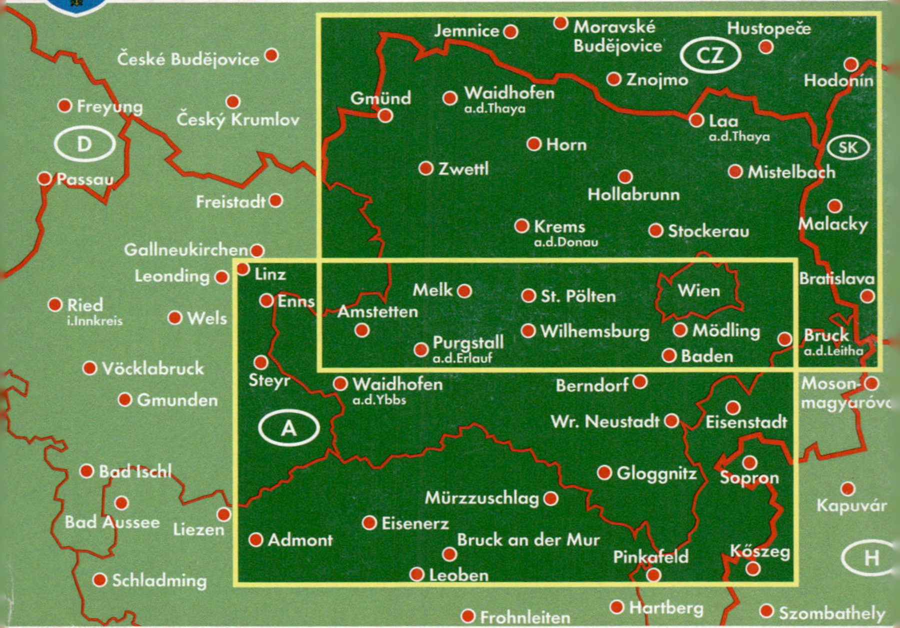

České Budějovice · Freyung · Český Krumlov · Jemnice · Moravské Budějovice · Hustopeče · CZ · Gmünd · Waidhofen a.d.Thaya · Znojmo · Hodonín · D · Passau · Freistadt · Zwettl · Horn · Laa a.d.Thaya · SK · Mistelbach · Gallneukirchen · Krems a.d.Donau · Hollabrunn · Stockerau · Malacky · Leonding · Linz · Melk · St. Pölten · Wien · Bratislava · Ried i.Innkreis · Enns · Amstetten · Wilhemsburg · Mödling · Wels · Purgstall a.d.Erlauf · Baden · Bruck a.d.Leitha · Vöcklabruck · Steyr · Waidhofen a.d.Ybbs · Berndorf · Moson-magyaróvár · A · Gmunden · Wr. Neustadt · Eisenstadt · Bad Ischl · Gloggnitz · Sopron · Mürzzuschlag · Kapuvár · Bad Aussee · Liezen · Eisenerz · Bruck an der Mur · Köszeg · H · Admont · Leoben · Pinkafeld · Schladming · Frohnleiten · Hartberg · Szombathely

ISBN 978-3-7079-1521-1

freytag & berndt

www.freytagberndt.com

▲ Top 10 Tips Curiosités · Top Plans de ville · Routes pour cyclotouristes
▲ Top 10 Tips Curiosità · Top Centro delle città · Itinerari ciclistici
▲ Top 10 Tips Vistas · Top Planos urbanos · Excursiones en bicicleta